La ambición de ser

Mauricio Carrera

La ambición de ser

Claves para entender
el cómo y el porqué de la vida

MÉXICO, 2016
BARCELONA · BOGOTÁ · BUENOS AIRES · CARACAS
MADRID · MIAMI · MONTEVIDEO · SANTIAGO DE CHILE

La ambición de ser,
Claves para entender el cómo y el porqué de la vida

Primera edición: agosto de 2016

D.R. © 2016, Mauricio Carrera
D.R. © 2016, Ediciones B México, S.A. de C.V.
        Bradley 52, Anzures CX-11590, México

ISBN: 978-607-529-049-2

Impreso en México | *Printed in Mexico*

A Marisa, por darle sentido a mi vida
A Diego, porque encuentre su propio cómo y porqué

A MANERA DE INTRODUCCIÓN

Este libro es para quien se interroga acerca de sí mismo y del universo que nos rodea. Para quien se cuestiona la muerte desde la lucha diaria por la vida. Para quien se siente con el alma cansada y un cuerpo que lo traiciona. Para quien se tiene como un extranjero que no encaja en la existencia ni en la sociedad, sólo en la bondad de sus propios sueños. Para quien, en suma, vive su condición humana: la de enfrentarse al absurdo o la maravilla de estar vivo, con la injusta certidumbre de saber que un día volveremos al polvo, a la nada.

Es un libro para quien busca porqués y cómos.

No hay aquí verdades absolutas ni recetas para ser mejores o felices. Contiene ideas, frases y reflexiones. Se presenta de manera fragmentaria, porque así es la vida, una sucesión de instantes y fragmentos que nos marcan en cuerpo y alma, nos desvían del camino, nos colocan en lo que somos o no somos, y nos dan frentazos de realidad o asombros que todo lo justifican.

Tiene su origen en una serie de columnas que, bajo el título "Manual de autoayuda", publiqué años atrás en *Día Siete*, una revista hoy extinta aunque de grata memoria. Por cierto, se incluye aquí el "Manual de autoayuda/4", que por avatares editoriales no se publicó y permanecía como un misterio o un fantasma para muchos lectores. Lo encontrarás páginas más adelante en el capítulo llamado "Toda la vida".

El propósito, ya desde entonces, era compartir dudas, certezas, golpes de realidad y de imaginación, a fin de encontrar un sentido propio a ese enorme y curioso sinsentido: el milagro de la eternidad que hay entre nuestro nacimiento y nuestra muerte.

Ese primer "Manual de autoayuda", título no exento de humildad e ironía, crece ahora para convertirse en *La ambición de ser*. Fiel a la esencia que le dio origen, es un libro más cercano a la profundidad filosófica y literaria, que al terreno de la psicoterapia o de los libros que dan lecciones de felicidad o de éxito en los negocios o la pareja. Tiene el mismo propósito: contribuir a entender y mejorar nuestra existencia, pero se alimenta de la literatura. No hay aquí citas o reflexiones de escritores de autoayuda, del ahora llamado desarrollo personal o humano, sino de importantes novelistas, cuentistas, ensayistas, poetas.

La literatura nos recuerda "el olvidado asombro de estar vivos", como dice Octavio Paz. O como exige Clarice Lispector, esa gran escritora brasileña: "Viva. Viva. Es difícil, es duro. Pero viva".

Si leer es una de las formas de amar la vida, también escribir. Su alimento no son las palabras sino la vida misma. Los escritores plasman en sus obras la experiencia humana y, al hacerlo, nos entregan sus historias y reflexiones en torno a temas tan fundamentales como el amor, dios, la juventud y la vejez, el milagro de la vida y el misterio de la muerte.

Al leerlos aprendemos sin sufrir las heridas, los golpes o la suerte de sus protagonistas. A final de cuentas, las obras literarias son compendios de vida, facetas del mismo viaje por existencias iguales o distintas, espejos donde podemos reconocernos y quedarnos o huir. La literatura nos ofrece la vida tal cual. Y nos ofrece otras vidas, para poder vivirlas y sacar algún provecho de sus caídas y desasosiegos, sus sueños y sus fracasos, sus aventuras de hombres y mujeres enfrentados a la lucha diaria por el pan y a los avatares grandes y sencillos de la existencia. A través de novelas, cuentos o poemas, podemos atestiguar de infiernos y torturas, de engaños y deslealtades, lo mismo que de la bondad y la belleza, de optimismos y esperanzas. Quizá, lo más importante, es que a través de la literatura es donde acaso mejor se despliega la magia de la palabra para describir el asombro de nuestra existencia y del universo.

Son estas palabras, estas perlas de experiencia y sabiduría, las que se encuentran en *La ambición de ser*. Son frases que nos auxilian a esclarecer la vida y que nos alientan a vivir.

Está, por supuesto, mi propia experiencia. A mi edad ya he vivido algo para poder hablar, si no con autoridad, sí con sinceridad de temas que nos ocupan y preocupan a lo largo de nuestra existencia.

La vida y la muerte son temas fundamentales en este libro. Alguna vez escribí: "El temor a la muerte me llevó a la vida". Si hay un evidente propósito en estas páginas es ése, el de situarnos en un contexto donde la muerte existe, pero es la vida la que debe de ocuparnos. Vivir la vida pese a todo, ésa es la consigna. Vivirla, a pesar de que es ardua y no siempre recompensa, a pesar de que a ratos parece sin sentido y todos nuestros esfuerzos parecen estar destinados a acabar en una tumba. Vivirla así, pese a todo.

Este libro te ofrece ésta y otras opciones. Algunos porqués de la vida que te permitirán tener un cómo vivirla, y varios cómos para responder a algunos porqués.

No se entretiene sólo en la vida y la muerte, sino en lo que contiene la vida, la pequeña y sencilla vida de cada uno de nosotros: los hijos, la muerte de los seres queridos, el amor y el desamor, el erotismo, el pensamiento mágico y la fe, y la lucha cotidiana no sólo por existir, sino vivir.

Este libro es para quienes se hacen preguntas y en el fondo saben que quizá no hay todas las respuestas.

La ambición de ser es para quienes sienten que no entienden la vida y sin embargo la viven. Para quien busca asirse de algo y tal vez lo encuentre al recordar, como decía Marguerite Yourcenar: "La vida es el misterio de todo ser humano: es tan admirable que siempre se la puede amar".

La ambición de ser no es un libro que busque resolverte la vida. Eso sí, quiere acompañarte mientras tú mismo resuelves tu propio milagro, asombro, sinsentido y misterio de estar vivo.

Ser, y no saber nada, y ser sin rumbo cierto,
y el temor de haber sido y un futuro terror…
Y el espanto seguro de estar mañana muerto,
y sufrir por la vida y por la sombra y por
lo que no conocemos y apenas sospechamos […]
¡y no saber adónde vamos,
ni de dónde venimos…!

RUBÉN DARÍO

Ser un ser humano entre la gente y
mantenerse siempre como tal, a pesar de
los infortunios que puedan presentarse,
no sentirse abatido ni desalentarse:
eso es la vida y ése su objetivo.

FIODOR DOSTOIEVSKI

Hoy me gusta la vida mucho menos,
pero siempre me gusta vivir…

CÉSAR VALLEJO

La astucia consiste en seguir viviendo.

ÁLVARO MUTIS

Enamórate de tu existencia.

JACK KEROUAC

EL MALESTAR

El alma es la parte más
cansada del cuerpo.

PAUL BOWLES

Lo fugaz de la vida

Vivir es morir.

Un día tú, un día yo, pero algún día nos enfrentaremos a eso que se llama muerte. El gran misterio. La gran duda. El solo pensamiento nos sobrecoge. ¡Dejar el mundo, sus atardeceres, el rostro lindo de los que amamos, la comida que más nos gusta, la contemplación del mar, la compañía de las estrellas, la ropa que nos agrada, los besos y las caricias, las canciones de amor, nuestro propio cuerpo! Dejar eso, decirle adiós y descender a la fría tumba. Qué miedo. Qué injusto y terrible nos parece. Es la ley de la vida, pero qué dura ley, qué implacable en su sentencia. El horno crematorio, los gusanos, el solitario cementerio, el ya no ser, el ya no estar. Decía el escritor José Revueltas: somos ataúdes que caminan. ¡Tanta vida, caray, para qué diablos!

*

Todo pasa con rapidez.

Ayer jugábamos desprevenidos del porvenir, con matatenas y pelotas, con muñecas de sololoy o a las canicas, con tacitas de té o a los soldados, y hoy nos contemplamos en el espejo de las arrugas, de los sueños truncos, de las máscaras para ser felices, de la insatisfacción personal, de los achaques y del insomnio, de las manchas en las manos —flores de tumba, le llaman los norteamericanos— y de la posibilidad más cercana de morir y no haber hecho nada con nuestras vidas.

Todo es efímero, hasta nosotros mismos.

Esta gran verdad nos azora. Y nos duele.

*

Lo dice Marisa Escribano: "La vida es el guion entre tu fecha de nacimiento y la de tu muerte".

Ese guion —ese simple guion—: eso eres.

Lo que amaste, lo que procreaste, lo que dejaste de hacer, lo que soñaste, lo que temiste, lo que venciste: eso eres.

Lo que gozaste o no, las lágrimas que vertiste y tus sonrisas, tu paso breve por el mundo, la indolencia o la ternura con que te trataron, tu infancia feliz o desdichada, las mujeres o los hombres en los que te fuiste quedando, los amores fugaces o duraderos, los hijos que te quieren o los que malograste, tus esqueletos en el clóset, tu platillo favorito, tus zapatos viejos, tu coche, tus viajes interiores y alrededor del orbe con maletas, hoteles y mapas, la carestía, el marido o la esposa que ya no aguantas: eso eres.

Un guion.

Piénsalo bien. Reflexiona. Detente un momento a meditar sobre eso.

Un guion. El guion entre el nacer y el morir.

Eso es lo que eres. Lo que seguirás siendo. Lo que fuiste.

*

Tempus fugit, dicen los sabios: "el tiempo vuela", se fuga, se va, desaparece. No vuelve.

Me disgusta envejecer porque alguna vez fui joven. Era

libre y tenía todos los sueños del mundo. Era altanero y esbelto. Sabía más. Me parecía fácil reprochar a mis padres, criticarles su pequeñez, el no haber logrado más en la vida. Me comía la tierra a puños. El mundo, qué basura. Yo lo arreglaría, así, en un santiamén. Tendría éxito, dinero. Sería un triunfador.

Les daría a mis hijos la cuna de oro que yo no tuve.

Mi nombre sería sinónimo de campeón, de *playboy*, de poderoso, de quien está acostumbrado a mandar, de líder, de quien domina las cosas de la vida. Sería presidente.

Me imaginaba una existencia cómoda, de caviar y sirvientes, de safaris en África, de dueño de empresas, de estrella de cine, de boda apoteótica, de casanova con algo de cantante, de héroe de las multitudes, de escritor o científico célebre.

Nada de eso soy.

El tiempo pasa y hoy soy un hombre hecho, o más bien deshecho, como todos los hombres a mi edad cuando no son extraordinarios —esta frase, de Juan Carlos Onetti, me persigue—. No soy lo que quise ser.

El tiempo pasa, se pierde, se desvanece. Es fugaz e implacable.

El tiempo pone a cada quien en su sitio.

> *Soy hombre: duro poco y es*
> *enorme la noche...*

Octavio Paz

Lo peor de todo es lo siguiente: la vida no admite borradores, es lo que es.

La vida es el sendero erróneo que tomamos, las metidas de pata, las frases hirientes que no debimos haber dicho, la nalgada que no dimos a tiempo, las peras del olmo, la tentación ante la que sucumbimos, las malas compañías, el cónyuge equivocado, la decisión impulsiva, la culpa enorme por lo que se frustró y pudo haber sido, simple y llanamente, mejor. De otro modo.

La vida es una, y ya.

Lo dice Constantino Cavafis, y lo dice bien: "La vida que aquí perdiste/ la has destruido en toda la tierra".

*

Por eso la vida duele.

La vida queda grande.

No la entendemos.

"La vida es un país extranjero", como escribió Jack Kerouac.

Parece que no encajamos, que no pertenecemos.

No es lo que queríamos.

Sufrimos de insomnio. Tenemos malas rodillas.

Nos pega el cinismo de nuestros gobernantes, la carestía.

Nos ponemos de malas.

El jefe es un inepto de marca. Corregimos: es un cretino y, además, un doble y un triple inepto de marca.

Nuestra pareja se ha convertido en otra, fría, ausente, distante, ajena, regañona, insatisfecha.

No alcanza lo que ganamos.

Preferiríamos quedarnos en la cama.

Los lunes nos damos cuenta que siempre llegamos tarde a los fines de semana, como lo contempló Efraín Huerta en uno de sus poemínimos.

Hace mucho que no nos asombra la belleza de un atardecer. O del mar que moja nuestros pies.

Lloramos sin saber por qué.

❧

Nuestro hijo no nos llama.

Mi cónyuge se malhumora, planea venganzas, intuye el placer de una vida propia, ajena a la mía.

No la entiendo.

No lo entiendo.

No entendemos.

*

¿Quién soy?

Una pasión inútil.

Un féretro que camina.

Un sinsentido.

Una inquietud no resuelta.

Una insignificancia.

Eso: una insignificancia. Y la vastedad del universo me basta para comprobarlo.

*

Se dice que hay más estrellas en el universo que granos de arena en las playas del mundo.

Si fuera astrónomo, estaría contento porque nunca sabría lo que es el desempleo.

Si estuviera enamorado, cada astro del infinito cielo tendría el rostro bondadoso y bueno de quien nos inspira el verso bello y el suspiro del alma que se entrega porque está hecha para amar a esa media naranja. Mi otra mitad.

Si se me diera la sencillez del lobo o del loco iluminado, le aullaría a cuantas lunas rodearan a los ingrávidos planetas.

Si la niñez me reinara, pediría deseos de estrella fugaz y juguetes de rey mago.

Pero no soy ni lo uno ni lo otro.

Soy un simple guion entre dos fechas. Un hoyo negro del que ni luz sale. Algo nebuloso y a veces triste, asombrado de no saber, de no poder.

Polvo estelar. Eso soy.

Lo supo el poeta Vicente Quirarte: "inútiles las estrellas si están a miles de años luz de distancia".

*

Sucede que a ratos estamos más ocupados en sobrevivir que en vivir.

Lo dice Charles Bukowski, quien mucho sabía de eso: "Hay veces que un hombre tiene que luchar tanto por la vida que no tiene tiempo de vivirla".

Y la vida se nos va en un soplo, así, trabajando de sol a sol, sin detenernos demasiado a contemplarla, a gozarla, a entenderla. Cuando no es una cosa, es la otra, pero siempre hay algo que nos hace posponer la vida. Los hijos, los quehaceres nuestros de todos los días, el ganarse honradamente algunas monedas, las enfermedades nuestras y de los otros, la realidad que se entromete en nuestros ideales y en nuestros miedos.

Así se pasa la vida, y así viene la muerte, "tan callando", como nos recuerda Jorge Manrique.

Y entonces surge el miedo, la angustia, el no estar contento, las sombras de una existencia que, querámoslo o no, se nos va como el agua entre los dedos. Por eso dice Clarice Lispector: "Tengo miedo de vivir, porque quien tiene vida algún día se muere".

*

Alguien me dice: es depresión, así se llama lo que nos aqueja.

Es la recesión mundial, un malestar típico de la edad, la menopausia o la andropausia, la crisis de los treinta, de los cuarenta, de los cincuenta o la de los sesenta, dicen otros, con aire superior y docto.

Yo respondo: es la vida, que tendría que ser más simple, más diáfana.

La existencia cotidiana

Nos vemos en el espejo y no nos gustamos.

Yo tenía sueños, nos decimos. Un mejor destino. No es que todo vaya mal, pero… Estoy insatisfecho. Incómodo en mí.

Leo la frase: "un pedazo malogrado de humanidad", de Saul Bellow, y siento que en parte se refiere a mí.

Algo no está bien. No me basta con cambiar de espejo. No me gusto. No nos gustamos.

*

"Fallé en todo", como dice Fernando Pessoa.

Fracasa de nuevo. Fracasa mejor, está el eco de Samuel Beckett en esta especie de diagnóstico y augurio certero de uno mismo.

La sensación de haber malgastado nuestra vida, nuestro tiempo, nos acorrala, nos gruñe, nos abate a golpes de sincera y elemental frustración.

Cuántas veces has pensado:

No me gusto.

Me siento como acorralada entre un cielo y un infierno.

Parece que respiro a través del ojo de una aguja.

Tengo ganas de gritar y no sé qué.

Tal vez un "¡Basta!" que apele a la buena voluntad de lo divino para detener mi carga de infortunio, de mala suerte.

Tal vez un "¡No me lo merezco!" que establezca de una vez y para siempre, a los cuatro vientos, que soy alguien que sí vale, que sí importa, que sí merece la pena.

Tal vez un "¡S.O.S!" que haga eco en un ser querido. En

un santo milagroso. En un alguien inesperado cuyo encuentro sea como una señal.

Tal vez una enorme maldición, la grosería más grande que uno conozca, el gesto más obsceno de todos, porque la desesperación así lo pide, esa desesperación en forma de tristeza y de nostalgia, de furia.

O acaso un "¡Mamá!" que pregone una dolorosa orfandad, la búsqueda más primigenia de auxilio, el cobijo más elemental. El ser vulnerable que aún somos.

Escribe Henry Miller en *Trópico de Capricornio*: es duro nacer, porque se está más cómodo, protegido, en ese espacio cálido y amoroso que es el vientre materno.

Por eso, en los momentos más crudos de desesperación, se adopta la posición fetal, como un retroceso al útero, a la protección, al abrigo, a la nada que no es vacío sino un espacio oscuro, sí, pero agradable.

El problema es que hemos sido arrojados al mundo, lejos de esa tibieza y seguridad, distantes de la canción de cuna que es el latido del corazón de nuestras madres.

Nacimos.

Al hacerlo, lloramos.

Porque nadie pidió nuestro permiso.

*

¿No te sientes tú también así?

¿Como que a ratos ni fu ni fa? ¿Como que la vida nos queda demasiado grande?

¿O como dice Marguerite Duras, que "muy pronto en la vida es demasiado tarde"?

¿No sientes en el estómago no mariposas sino buitres que te comen por dentro? ¿No a ratos quieres tirar la toalla, buscar tablas, huir, correr, buscar refugio no sabes dónde pero no aquí, donde te dicen que la vida es buena pero no lo es?

¿No sientes como si te faltaran fuerzas, y aunque las tuvieras, que ya no puedes porque te faltan razones para seguir luchando?

> *Hay golpes en la vida, tan fuertes... ¡Yo no sé!*
> *Golpes como del odio de Dios; como si ante ellos,*
> *la resaca de todo lo sufrido*
> *se empozara en el alma... ¡Yo no sé!*
> *Son pocos; pero son... Abren zanjas oscuras*
> *en el rostro más fiero y en el lomo más fuerte.*

César Vallejo

Jean Paul Sartre definió ese sentimiento como "la náusea".

Gustav Klimt lo dibujó como "el grito".

Milan Kundera como "la insoportable levedad del ser".

Franz Kafka se sintió cucaracha.

Henri Bergson llamó "angustia" al reconocimiento de nuestro ser limitado ante el tiempo y el espacio infinitos.

Miguel de Unamuno habló del "hambre de Dios".

Albert Camus la definió como sentimiento de extranjería en un mundo que nos parece absurdo. Se detuvo en el mito de Sísifo para hacer notar nuestra desesperación ante el esfuerzo eterno que hacemos, enfrentados a la seguridad de la muerte, que nos deja sin aliento, sin finalidad ni esperanza.

Ortega y Gassett señalaba que la tragedia del ser humano es avanzar por la vida eligiendo y descartando existencias posibles.

Erich Fromm acertó al decir que el ser humano es el único que puede sentirse expulsado del paraíso.

¿Yo? Yo lo llamo delirio del absurdo y de la incertidumbre. Lo llamo vida. Existencia cotidiana.

*

"Ser o no ser, ése es el dilema", dice Shakespeare.

No. Yo ya soy.

El verdadero dilema es otro: ¿qué ser?

*

¿Qué ser?

Es decir, ¿qué vivir? No digo existir. Porque existo, sí. Pero también existen las piedras. Lo inanimado. El oro o el mercurio. El viento. Las monedas. El teléfono o la mesa. Lo que es y está pero no vive.

Yo quiero vivir, no simplemente existir.

*

El verdadero dilema es también otro.

No es sólo qué ser, sino por qué ser.

Si algún día hemos de morir, ¿para qué existir? ¿Por qué tanto todo en tanta nada?

Necesitamos un por qué y para qué: un sentido, una ambición de ser que contenga de manera individual y personal la razón de permanecer en el mundo, ese motivo de lucha diaria en nuestras vidas.

*

O hay quien te dice: conócete a ti mismo, he ahí la fuente de la sabiduría.

Y te van a hablar de los griegos, siempre los griegos... No les creas demasiado. "¿Conocerme a mí mismo? Si lo hiciera, saldría corriendo espantado", se burlaba Goethe.

Hay ese peligro, sí, de enfrentar a tus demonios. O de que te des cuenta que cuando tu mascota mueve la cola no signifique necesariamente que eres una buena o maravillosa persona.

Mírate al espejo y voltéate al derecho y al revés. Aunque sea incómodo, hazlo. Dice Jung que "aquel que mira hacia afuera, sueña; aquel que mira hacia adentro, despierta".

Sí, analízate. Sí, ahonda en ti, de dónde vienes, lo que eres o lo que te han hecho pensar que eres. Lo que tú mismo crees que eres. Sí, profundiza en el conocimiento de lo interno y lo externo. Sí, lleva a cabo la batalla del corazón y las entrañas y de tu alma desnuda.

Finalmente, como dice Aldous Huxley: "Sólo hay una pequeña parte del universo de la que sabrás con certeza que puede ser mejorada, y esa parte eres tú".

Tú eres tu templo, tú eres lo único que te mantiene ligado corpórea y espiritualmente al Universo.

Tú eres el único que deberá vivir su propia vida.

Pero, ¿crees que conocerte a ti mismo resolverá todos tus problemas?

No.

Al término de una de sus novelas, Francis Scott Fitzgerald escribe: "Me conozco a mí mismo, pero eso es todo".

La cuestión es que tú, aunque te conozcas, no te hallas inmune a los golpes, avatares, desdichas e injusticias del mundo. Si te conoces más a ti mismo, tal vez puedas afrontar mejor estos obstáculos; pero no te garantiza ganar la batalla ante la realidad de la lucha diaria por el pan, el bienestar o la felicidad.

> *La vida no es sobre encontrarte a ti mismo.*
> *La vida es sobre crearte a ti mismo.*

George Bernard Shaw

¿Qué hacer?

¿Qué hacer cuando parece no haber escapatoria, cuando la vida parece haber dejado de ser una fiesta, cuando nos percatamos que tal vez existimos pero no vivimos, cuando llegamos a una edad en la que todo parece cuesta arriba, que en lugar de hacer realidad nuestros sueños la realidad se ha encargado de truncarlos, de arrebatárnoslos, de hacerlos trizas?

¿Qué hacer con ese malestar, con esa náusea propia del existir?

¿Qué hacer con nuestras vidas en un momento donde nos percatamos que, por un lado, hemos malgastado nuestro tiempo y, por el otro lado, que cada vez nos queda menos tiempo para usarlo como nos plazca?

¿Qué hacer cuando las palabras de los santos o los sabios no nos bastan, cuando las oraciones que elevamos se enfrentan al silencio y haber estudiado poco o mucho no nos basta para salir adelante?

¿Qué hacer cuando nadie nos pidió permiso de nacer y sin embargo estamos aquí, dándole la cara al hecho de vivir y lo que trae consigo: la dicha, sí; la contemplación de un magnífico cielo estrellado, sí; pero también el sufrimiento, la incertidumbre, la lucha cotidiana con el sudor de nuestra frente, los achaques, la pérdida de nuestros seres queridos, nuestra propia muerte?

¿Qué hacer, simplemente, para ser, para vivir?

*

Primera pista.

> No soy nada.
> Nunca seré nada.
> No puedo ser nada.
> Aparte de eso, tengo en mí todos los sueños del mundo.

Lo dijo Fernando Pessoa, uno de los grandes poetas de todos los tiempos. Fue muy admirado por Octavio Paz, quien definió parte de su poesía como la visión del poco peso del hombre frente al peso bruto de la vida social.

En vida fue un adelantado y el éxito le rehuyó.

Él mismo lo dijo: "mi destino pertenece a otra Ley, cuya existencia no sospecha usted siquiera".

Murió con un solo libro publicado y con un baúl lleno de poemas.

"Siento que soy nadie salvo una sombra".

Fue nadie, pero también muchos. Escribió bajo los nombres de Ricardo Reis, Álvaro de Campos, Alberto Caeiro, Bernardo Soares y otros más. *Pessoa*, en portugués, quiere decir "persona". Él, a través de su poesía fue muchas personas, llenó páginas y páginas de brillantes poemas. Hoy es considerado uno de los grandes poetas de todas las épocas. Pero *personne*, en francés, también significa "nadie". Fue muchos y nadie a la vez. Uno de sus poemas dice:

Si después de morirme quisieran escribir mi biografía
no hay nada más sencillo. Tiene sólo dos fechas
la de mi nacimiento y la de mi muerte.
Entre una y otra todos los días son míos.

En vida lo acompañó el fracaso, el cual él miraba con des-
gano, con desdén. Era rechazado pero tenía sueños. Le gustaba soñar que su poesía sería leída y entendida por muchos.
Y lo logró.

*

Repite, como lo hizo Pessoa, y cuantas veces sea necesario:
"Tengo en mí todos los sueños del mundo".

*

Segunda pista.
Hay un personaje en una novela de Saul Bellow que escucha una vocecita interna que le dice: "Quiero, quiero, quiero".
Su nombre es Eugene Henderson. Es un hombre rico y poderoso, tiene todas las comodidades habidas y por haber, pero
no está satisfecho. Algo le falta y no sabe qué.
A los cincuenta y cinco años decide emprender un viaje
a África. Durante un safari, se extravía a propósito, pues
trata de seguir ese dictado de su yo profundo que le ordena:
"Quiero, quiero, quiero".
Llega hasta el poblado de los wariri. Una hechicera reconoce en él a un *grun-tu-molani,* que quiere decir "alguien
que quiere vivir y no morir". Hace amistad con Dahfu, el rey,
quien lo toma bajo su protección. Le diagnostica: "Salvación,

salvación, eso es lo que usted clama a gritos. ¿Qué es lo que debo hacer? ¿Qué va a ser de mí? Y eso es malo".

"Usted es precisamente uno de esos tipos que se pasan la vida tratando de escabullirse", lo define Dahfu.

El rey lo ayuda a acallar esa insatisfacción vital, enseñándole a vencer sus miedos.

Lo hace convivir con Atti, un león. Henderson, al principio, experimenta un enorme terror en compañía del imponente felino.

Dahfu le dice: "El miedo es el tirano de la humanidad... Ha creado más cosas que cualquier otro poder; como fuerza modeladora sólo lo supera la naturaleza misma".

Henderson, para vencer su miedo a lo salvaje, a ese león —el león que es la vida, poderosa, indomable—, debe actuar como un león.

Dahfu le enseña a gruñir, a rugir.

Mientras más y más aprende de los leones, su vocecita interna, más que un reclamo de insatisfacción, se convierte en un autodescubrimiento: el "quiero, quiero, quiero" que escucha, significa "quiero ser yo mismo".

No el ser humano moldeado por los requerimientos de la sociedad, sino el ser humano que escucha el llamado de su propia naturaleza.

Lo importante es hacer lo que en verdad uno desea.

Uno debe completar el "proceso de llegar a ser", como le dice Dahfu.

Éste llegar a ser se da enfrentándose al león, que a final de cuentas no es un enfrentamiento contra una bestia salvaje sino contra uno mismo: la lucha para vencer nuestra insatisfacción, nuestros miedos, nuestra abulia, nuestro no ser.

Lo dice Dahfu: "Morir de lo que no queremos es la causa más vulgar que puede tener la muerte".

*

Escucha tu voz interna.

Que sea ese "quiero, quiero, quiero", quien te guíe. Hazle caso, entiéndela. Eres tú mismo. Es tu impulso vital.

*

Tercera pista.

Ernest Hemingway aseguraba que escribir una novela es como matar a un león.

También escribió, en *El viejo y el mar*:

"Al hombre se le puede destruir, pero no derrotar".

Existe una especie de dignidad humana que nos impide aceptar la derrota. Tal vez se trate de un mero instinto de sobrevivencia. Tal vez tenga que ver con nuestra egolatría, con nuestra vanidad. No importa, ese rasgo me gusta: el no darnos por vencidos.

También la metáfora del león.

En la vida tenemos que matar muchos leones.

El león del desempleo, de la carestía; el león de los estudios, de los exámenes, de la novela, del matrimonio, de los hijos, del fallecimiento de los seres queridos; el león de la inseguridad, de la violación, de la pobreza, de la vejez, del cáncer, de la lucha diaria por el pan.

El león, simplemente, de la existencia cotidiana.

*

No te dejes vencer.

La derrota no está en la esencia del ser humano. Es, apenas, un susurro del diccionario.

*

Cuarta pista.
Zorba el griego.

Tal vez recuerdes la película: Anthony Quinn e Irene Papas como protagonistas. Y la música de Theodorakis. Alegre, pegajosa, contagiosa, llena de vida. Pero antes hubo un libro. Su autor, Nikos Kazantzakis.

De él tengo una frase que me acompaña: "Llega hasta donde puedas. O mejor, llega hasta donde no puedas".

Kazantzakis fue un espíritu libre, cuya mejor encarnación literaria es ese minero analfabeta en apariencia rústico y primitivo llamado Alexis Zorba.

Para Kazantzakis hay tres clases de seres humanos:

Los que tienen como objetivo de la vida comer, beber, enriquecerse, llegar a ser famosos. Los que no viven sino a través de los demás; los que buscan hacer el bien, enseñar, compartir, iluminar. Finalmente, los que viven para vivir, enfrentados a ese estupendo combate que es el impulso vital enfrentado a la existencia cotidiana.

Kazantzakis fue uno de estos últimos hombres.

Buscó alejarse de lo fútil y efímero para acercarse a lo esencial.

Escribió: "Yo no he hablado nunca de los detalles de la vida cotidiana: son caracolas vacías".

Le molestaba la forma como los seres humanos perdían su tiempo en discusiones vanas, efímeras. Le daban ganas de pararse en una esquina como un mendigo e implorar: "Por favor, os pido una limosna. Dadme un poco del tiempo que perdéis. Una, dos horas, lo que queráis".

Zorba el griego no creía en la humanidad y sus conceptos de justicia, mejoramiento de la calidad de vida, felicidad, virtud —"cebos populares a los que no me apego"—, sino en la llama de superación que existe en cada ser humano y que lo hace arder espiritual y vitalmente.

Fue un hombre que trató de vivir su vida a plenitud, en completo dominio de su tiempo y de su libertad.

Su epitafio lo muestra tal cual era: "No espero nada. No temo nada. Soy libre".

Zorba el griego es su *alter ego*. Se burla de los escritores llamándolos "cagatintas". Les reprocha escribir sobre lo que piensan es la vida, sin nunca en realidad atreverse a vivirla, conocerla a fondo.

Zorba en cambio es un hombre que ha conocido en carne propia los avatares propios de la existencia. No les pone mala cara. Al contrario, los acepta como lo que son, partes de la experiencia de vivir. Es un ser vital por todas partes. Su energía se despliega en la alegría de vivir. Trabaja duro, pero también canta, baila, se emborracha, no como un derrochador sino como un hombre que disfruta de su tiempo en la tierra.

Zorba es un amante apasionado de la vida.

Su filosofía podría condensarse en lo siguiente: la vida es dura, sí; pero hay que vivirla, sentirla, gozarla, beberla, bailarla.

*

Si no puedes alegrarte de vivir, por lo menos vive la vida con alegría.

Es la única vida que tienes. No desperdicies el tiempo en cosas banales. Apasiónate por el tiempo vital que te resta.

Sonríe. Baila. Sueña. Atrévete a vencer el miedo. Sé libre. Goza.

Y al hacerlo, vive.

*

Quinta pista.

Una mujer: Susanna Tamaro.

Tiene una novela que gusta mucho a las mujeres.

Es el universo femenino de lo frágil y dulce, convertido en el infierno femenino de lo amargo y vulnerable.

Es la historia de tres mujeres: abuela, madre e hija/nieta. Tres mujeres aquejadas por un desasosiego: el de no estar satisfechas con su vida.

La novela gira alrededor de la abuela, que en un momento dado se dejó guiar por las normas sociales imperantes, antes que por su propio deseo de ser ella misma. Abandona su sueño de convertirse en bióloga (su padre le dice: "serás bióloga cuando te crezcan bigotes") y se casa con un hombre aburrido que no la satisface (porque sus padres le escogieron lo que socialmente consideran *un buen partido*).

El matrimonio se convierte en sinónimo de tedio. El sexo entre la pareja se da sin lustre, sin química. Ella piensa que la vida es así: monótona, llena de insatisfacción y hastío. Se siente enferma. No es una enfermedad física. Está descontenta, pero no sabe exactamente por qué.

En uno de los viajes que hace a un poblado donde hay aguas curativas ("las aguas pueden hacer milagros por el hígado y por las mujeres"), sucede algo por completo inesperado y maravilloso: conoce a otro hombre, un doctor que la llena de amor y de vida.

Se hacen amantes. Lo cuestionable de la infidelidad apenas y nos cruza por la mente, porque en la novela aplaudimos el valor de esta mujer que se siente plena, realizada, al dar rienda suelta a la libertad de su piel y a lo infinito de sus sueños. Por fin es ella misma.

Reconoce el error que ha cometido: el de creer que la vida es inmutable, que una vez tomado un camino ya no se puede cambiar. "Por el contrario, el destino tiene mucha más imaginación que nosotros", afirma.

El destino puede cambiar, pero sólo si nosotros abrimos las puertas de esa posibilidad. Se lo dice a su nieta: "Cada vez que, al crecer, tengas deseos de cambiar cosas equivocadas por cosas justas, recuerda que la primera revolución que debe hacerse es la que se realiza dentro de uno mismo, la primera y la más importante".

Antes de morir, le escribe una carta: "Si estoy en alguna parte, si puedo verte, sólo me sentiré triste como todas las veces que veo una vida desperdiciada, una vida en la que el camino del amor no pudo cumplirse".

La moraleja de la novela está implícita en el título: *Donde el corazón te lleve.*

Es el corazón el que importa, no los convencionalismos o los prejuicios sociales.

> *Sólo se puede ver con el corazón. Lo esencial es invisible para los ojos.*

Antoine de Saint-Exupéry

Sexta pista.

Un autor aventurero: Jack London. Se le tacha, acaso erróneamente, de ser un escritor de perros y hazañas marineras. Quizá te obligaron a leer *La llamada de la selva* o *Colmillo blanco* en la escuela. Escribió, sí, de malamutes y barcos, pero ante todo escribió del ser humano enfrentado a la vida. Dijo:

El hombre es un ser incomprensible, siempre insaciable, siempre insatisfecho, nunca en paz con Dios ni consigo mismo, sumido en permanente desazón y agotado por los años de inútiles esfuerzos.

Vivió tan sólo cuarenta años. Pero en esos cuarenta años su existencia fue mucho más intensa que la de muchos de nosotros. Conoció la pobreza más atroz y la riqueza más ostentosa. Trabajó en una lavandería y para las revistas más importantes de su época. Fue marinero, cazador de focas, pirata, miembro de la patrulla pesquera, boxeador, fugaz revolucionario en México, *hobo* (un trabajador eventual en los Estados Unidos), corresponsal de guerra y escribió cerca de una treintena de libros. Fue un ávido bebedor y un paradójico abstemio. Amó a muchas mujeres y se construyó su propio barco, con el que navegó los Mares del Sur.

Su vida fue breve pero sustanciosa. Él mismo decía: "La función del ser humano es vivir, no existir. No voy a gastar mis días tratando de prolongarlos, voy a aprovechar mi tiempo".

*

London es autor de un cuento de significativo título: "Amor a la vida". Es la historia de un buscador de oro que de pronto se ve perdido en la inmensidad de los paisajes inhóspitos y nevados del Ártico. Todo está contra él, el helado clima, lo agreste de la geografía que lo rodea, los animales salvajes que encuentra a su paso. Debe vencer sus propios miedos, además del cansancio, la desesperanza y la fatiga.

Su odisea es terrible. Aun así, lucha. No se derrota. Tras varios días en que está siempre a punto de morir, es finalmente rescatado. Es una piltrafa, un guiñapo. Los que contemplan su estado difícilmente pueden creer que se trata de una persona. Pero, que no quede duda, es un ser humano. Lo demuestra su espíritu infatigable, su "amor por la vida", su afán de sobrevivir pese a todas las adversidades.

*

Jack London imaginó un epitafio: "Cometeré miles de errores, pero fíjense en mi sueño hecho realidad".

Su existencia fue vertiginosa y breve, pero productiva, llena de aventuras. Se arriesgó a vivir la vida. La gozó y la sufrió. Le encontró gusto, amor a la vida.

Precisamente, para él, la frase definitiva de todo ser humano es "me gusta". Al respecto escribió:

> Es ese *me gusta* lo que lleva al borracho a beber y al mártir a llevar el silicio, lo que convierte a un hombre en un libertino y a otro en un ermitaño, lo que hace que uno persiga la fama, otro el oro, otro el amor y otro a Dios. Con frecuencia, la filosofía es el modo con que el hombre se explica su propio *me gusta*.

*

¿Cuál es tu propio "me gusta"?

¿Qué es aquello que, por gustarte, te motiva a ser quien eres, a vivir?

¿Qué es para ti el amor a la vida y qué tanto estás en disposición de luchar por ese amor?

¿Qué es lo que te gusta?

En la respuesta estás tú, y lo que serás o no el resto de tu vida.

*

Séptima pista.

Un poema de Octavio Paz. Se titula "La vida sencilla". Habla de las cosas que nos son cotidianas. El pan y el sudor necesario para llevarlo a nuestra mesa, la lucha y los sueños que nos son comunes, los sinsabores y alegrías que nos ofrece la existencia, lo duro de la vida y el asombro de vivir. Beber, por ejemplo:

> y en la embriaguez asir la vida,
> bailar el baile sin perder el paso,
> tocar la mano de un desconocido
> en un día de piedra y agonía
> y que esa mano tenga la firmeza
> que no tuvo la mano del amigo;
> probar la soledad sin que el vinagre
> haga torcer mi boca [...]

El poema es bello en su capacidad de síntesis de los hechos de la vida, así como en su sencilla filosofía cotidiana y su sencilla firmeza ante la muerte que nos espera.

Paz nos pide en su poema:

pelear por la vida de los vivos,
dar la vida a los vivos, a la vida,
y enterrar a los muertos y olvidarlos
como la tierra los olvida: en frutos...
Y que a la hora de mi muerte logre
morir como los hombres y me alcance
el perdón y la vida perdurable
del polvo, de los frutos y del polvo.

*

"Pelear por la vida... la vida perdurable".

Es una buena lucha. Es nuestra lucha cotidiana, la de todos los días.

*

Octava pista.

"La vida es en todas partes la vida", afirma Fiodor Dostoievski.

Hay escritores que parecen llevar una vida aparte. Escriben de la vida sin vivirla. Pero hay otros que la conocen de cerca, que viven bajo riesgo de morir en el intento. Escritores que conocen en carne propia las profundidades del ser humano enfrentado a la desdicha, al dolor, a la cercanía de la muerte.

Uno de ellos fue Dostoievski. Alguien lo definió como "el mejor conocedor del alma humana de todos los tiempos". De niño sufrió la muerte de su madre y la depresión y el alcoholismo de su padre, quien murió, literalmente, ahogado en vodka. Sufría de epilepsia. De joven luchó contra el zarismo. Fue encarcelado por subversión y condenado a muerte.

El 22 de diciembre de 1849 fue conducido ante el pelotón de fusilamiento. Le vendaron los ojos. Le hicieron besar la cruz. Le hicieron vestir un camisón blanco. Lo ataron a un poste. Tenía veintiocho años e iba a morir atravesado por las balas.

De repente, el pelotón de fusilamiento fue llamado a retirada. El Zar le perdonaba la vida, aunque debía purgar una condena de cuatro años de trabajos forzados en prisión.

Ese mismo día, no bien fue devuelto a su celda, pidió papel y lápiz y le escribió una carta a su hermano Mijail. Le dijo: "Hermano: nunca me sentí abatido ni desalentado". Eso, a pesar de haber sufrido el escarnio de haber estado preso y de estar a punto de ser ejecutado.

A continuación, le da una enorme lección de vida:

> Ser un ser humano entre la gente y mantenerse siempre como tal, a pesar de los infortunios que puedan presentarse, no sentirse abatido ni desalentarse: eso es la vida y ése su objetivo.

Es una carta muy conmovedora, llena de amor y gusto por la vida.

"¡Que sea lo que tenga que ser!". Dostoievski se ha salvado de la muerte y acepta su destino de hombre. Sabe que hay infortunios por delante pero que hay que enfrentarlos. La existencia no es fácil, hay dolor y tristeza, pero se debe luchar por conservar "el corazón y la misma carne y sangre capaces de amar y sufrir y desear y recordar", porque eso es, "pese a todo, la vida".

A su hermano, lleno de amorosa ternura, le pide: "Cuídate, consérvate con vida". Y líneas más adelante: "Aprecia tu vida, no la malgastes, construye tu destino".

*

En ese "vivir la vida, pese a todo", está la clave de la existencia que nos ha tocado.

No sólo existir por existir, o vivir por vivir, sino la lucha que nos corresponde dar hasta el final por mantenernos vivos.

*

Novena pista.

Hay un filósofo que admiro: Emil Cioran. Creo que es el único filósofo que dice la verdad. Todos los demás adornan la vida. Cioran creía que lo mejor era no existir. Lo clamó en grandes y lúcidos libros. Aun así, tuvo una larga y fructífera existencia. Murió a los ochenta y cuatro años.

Siempre me sorprendió lo que me pareció una incongruencia: no haberse matado antes, él, que dijo: "El deseo de morir era lo único que me importaba; por ello he sacrificado todo, aun la muerte".

Me llevó años comprenderlo. Él también vivía pese a todo. Y vivió muchos años porque encontró, en el sinsentido, su sentido de vida.

> *El hecho de que la vida no tenga ningún sentido es una razón para vivir, la única en realidad.*
>
> E. M. Cioran

Reconocía Cioran:

> Sé que mi nacimiento es una casualidad, un accidente risible, y, no obstante, apenas me descuido me comporto como si se tratara de un acontecimiento capital, indispensable para la marcha y el equilibrio del mundo.

Tal vez sea la única manera de vivir: la de considerar nuestra presencia en el mundo como algo significativo, con sentido. Lo dijo Dostoievski:

> Sé con certeza lo siguiente: una vez se me ha permitido tener consciencia de que "yo existo", ¿qué me importa que el mundo se haya construido con errores y que no pueda existir de otro modo?

En ese "yo existo", también, está nuestro único y verdadero credo para seguir adelante.

La experiencia vital

Carpe diem.
Es latín. Significa "aprovecha el día".

*

Vive tu día como si fuera el último.

Como si de pronto alguien te dijera: tienes poco tiempo de vida. Como si tuvieras una enfermedad terminal y quisieras saciarte de gozo por las cosas buenas del mundo antes de partir y no regresar.

Piensa que, con diagnóstico o sin diagnóstico médico, así es la ley de la vida, el nacer y el morir. Recuerda que, desde que nacemos, estamos condenados a no durar. Nada es para siempre, ni siquiera nosotros.

Entonces, ¿para qué esperar al cáncer, o a la bala que lleva nuestro nombre, a la vejez, al accidente vial...?

Mejor vive tu día como si fuera el último. Algún día acertarás.

*

Eres único e irrepetible.

Nunca más, en el universo, alguien como tú.

Imagina los azares y coincidencias que desde el inicio de los tiempos conspiraron para que tú existieras. Si hay milagros, ése es uno. Eso eres. Tú.

*

No seas tan mediocre como para creer que el universo entero es una oficina.

O una cocina, plumero y estropajo.

O el insomnio de la preocupación y el sudor de la frente.

Tu vida es mucho más. Aparte, es la única que tienes. ¿Cómo quieres vivirla? ¿Sufriéndola? ¿Gozándola?

Nadie te preguntó por la vida que querías, es cierto. Tal vez te hubiera gustado otra… Pero ésta te tocó y ni modo. No hay de otra. Es inevitable.

Sin embargo, tienes una opción. Es muy simple. O muy complicada: vivirla como tú decidas.

*

No es fácil.

¿Quién dijo que la vida es una fiesta?, como se reía el filósofo Alejandro Rossi. No lo es. Pero no seamos, nosotros mismos, unos aguafiestas. Si nuestra existencia no es idílica, alcémonos de hombros.

Borges imaginaba, con ironía, novelas donde sus protagonistas fueran ordenados, tranquilos, sedentarios, sanos, felices. ¡Qué aburrimiento! ¿A quién se le antojaría leer algo así?

La literatura se nutre de la vida y la vida, la verdadera vida, no es lo aséptico, las frutas y las verduras, la continencia, lo opaco. La vida no está exenta de momentos difíciles y amargos. Tampoco las grandes páginas de la literatura.

Piensa en una obra como *Los miserables* —¡qué título tan significativo!— o incluso en *Robinson Crusoe*, las penurias y soledades de ese desafortunado náufrago.

Ahí, en la dureza de la vida, en el lodo y en la tentación del vicio o del pecado, en el caer y levantarse, en la injusticia de la cárcel o la desesperanza en una isla desierta, se dan los mejores personajes, los mejores cuentos, las mejores novelas.

El Quijote es un loco que provoca la compasión y la risa. El capitán Ahab, un perverso puritano. Madame Bovary, una mujer "amoral". Humbert Humbert, un perseguidor de lolitas. San Agustín, un pecador. Gargantúa y Pantagruel, grandes fanáticos de los excesos. Romeo y Julieta, dos enamorados contra el mundo, que terminan suicidándose. David Copperfield, un huérfano. Santa, una prostituta. El rey Edipo, el asesino de su padre. Henderson, un hombre que en apariencia lo tiene todo y está insatisfecho. Francis Macomber y su sentimiento de viril inferioridad. Aquiles y su malhumor. Ulises y su terrible odisea. Penélope y su tediosa espera.

Tolstoi dijo: "reflexioné incesantemente en el arte y en todas las formas de tentación que oscurecen el espíritu". Sus personajes han caído en las tentaciones y son, por ello, grandes personajes.

Incluso algunos santos, pensemos en san Agustín, han pecado mucho. Él decía: "Señor, dame castidad y dominio de mí mismo, pero todavía no". O han conocido las penurias propias de defender su fe y supieron de la tortura, del martirio.

Piensa qué tipo de personaje te gustaría ser en la novela de tu vida. ¿Uno por completo anodino, que no pierda nunca la sonrisa, al que no le pase nada, aburrido hasta el cansancio? ¿O alguien que conoce de los altibajos del vivir? ¿Alguien que ni fu ni fa? ¿Alguien que ha vivido? ¿El que conoce el sonido de la carcajada y el sabor de las lágrimas? ¿El que saborea una mañana de felicidad y el que se acuesta con un sentimiento atroz de derrota?

Imagínate: si pudieras ser algún personaje, ¿cuál serías?

*

Alguna vez escuché: Cuando naciste, el mundo sonrió y tú lloraste; cuando mueras, tú sonríe y que sea el mundo el que llore.

*

Decía José Revueltas, con respecto a su hermano, el músico Silvestre Revueltas:

—Se murió de un accidente pendejo.

Le preguntaban a qué se refería y respondía:

—Del accidente pendejo de haber nacido.

*

Vivimos y pensamos en la muerte.

Es inevitable. Es otra de las características —junto con la risa y el amor— que nos diferencian y distancian de los animales.

Tenemos conciencia de que algún día dejaremos el mundo. Algún día. Morir es un acontecimiento que nos ocurre sólo una vez y nos ocupamos infinidad de veces en pensar en ese momento, cuando llegue.

Porque ha de llegar, algún día.

Se trata de una injusticia, pudiera pensarse. Tanta vida y adiós. Ese acontecimiento nos preocupa y nos sobrecoge. Hay quien se prepara para ese instante. Es el *memento mori*, como le llaman los estudiosos.

Marco Bellochio filmó en 1972 *En el nombre del padre*, una película donde un grupo de monjes duerme en ataúdes y convive con esqueletos. Era su forma de acostumbrarse a la idea de morir.

Antiguamente, al hombre sabio se le representaba en un escritorio lleno de libros, en medio de un búho y un cráneo; lo primero como representación de los desvelos que causa poseer la sabiduría, y lo segundo, como evidente recordatorio de nuestra finitud. De nuestra mortalidad.

Por ello Hamlet, cuando da su famoso discurso del ser o no ser, lo hace con una calavera en la mano.

José Alfredo Jiménez nos recuerda que "la vida no vale nada, no vale nada la vida".

La muerte está ahí, rondándonos. Nos remite a nuestro porvenir de tumba y epitafio, de gusanos, de olvido.

Está bien pensar en la muerte: es algo natural y lúcido. Pero, en lugar de nociones funestas y sombrías, en vez de la depresión y la desesperanza, ocupémonos de situar a la muerte desde otra perspectiva: como el motor que nos impulsa a la vida.

Lo decía Jack London: no malgastaré mi vida intentando prolongarla.

Hay que vivir lo que hay que vivir. La vida que tenemos y el tiempo que nos toca.

*

El optimismo comienza con la voluntad.

*

"Que vivas tiempos interesantes", recomienda esta famosísima máxima china. Pues bien, te tengo una noticia: no es una recomendación sino una condena. Se trataba de una especie de maldición, de echar la sal, la mala suerte y el infortunio, antes que de un buen deseo por vivir la vida en plenitud.

Yo no te maldigo. Si te tocan tiempos interesantes, qué bueno; si aburridos, también.

Yo te digo: si algún día nos ha de alcanzar la muerte —"la desnarigada", como la llamaba Jack London—, que así sea. Mientras tanto, voy a pasármela lo mejor posible.

*

Tenlo en mente: la vida no es esperar a que pase la tormenta, sino aprender a bailar y a cantar bajo la lluvia.

> *La tristeza no es más que el augurio de la próxima alegría.*

Giuseppe Amara

La vida eres tú.

El día que aciertes a que sea el último…

El momento en que la muerte arribe, el mundo dejará de rotar. Los pájaros callarán. El sol se extinguirá. La lluvia cesará. La sonrisa de los que amas se desvanecerá. Dejarás de ser padre o madre, hijo o hija y cónyuge. Te desprenderás de todo como una pera a una rama. Cerrarás los ojos de la carne y las puertas del deseo. Los veranos, nunca más. Se detendrá el suspiro, el canto del aire. Por los siglos de los siglos.

La muerte lo desaparece todo.

La vida eres tú.

*

Lo que no encuentres en esta vida, no te empeñes en buscarlo en otra.

*

Es aquí y ahora.

No hay más.

Incluso si crees en el más allá, detente a pensar en el más acá: ¿qué, si no hay más mundo que éste? ¿Qué, si todo ese cuento de la reencarnación o la recompensa celestial se reduce a meras pamplinas?

No que lo sean. No que se trate, simplemente, de cuentos para asustar. Sólo pregunto, como quien no quiere la cosa: ¿qué tal si no lo fueran; qué si fueran mentira, si no tuvieran nada de cierto?

Yo que tú, lo meditaba. No se trata de perder la fe o de dinamitar el dogma en el que siempre has creído, sólo de colocarse en un plano objetivo y realista. Lógico.

Qué, si…

Qué tal si…

Por si las dudas, mejor no esperes y vive a plenitud tu vida.

Es la única certeza que tienes: el cuerpo y el alma que te han tocado.

No los desperdicies.

¿Qué tal si al final de ese supuesto túnel de luz te encuentras con la sorpresa de que no hay nada?

O tal vez sólo un negro abismo sin fondo.

> *Ve adonde quieras, que*
> *morirás cuando debas.*

Marisa Escribano

"Sin vida" no significa necesariamente que estés muerto.

Quiere decir que hay algo mal. Que respiras pero no disfrutas del viento. Que sin ser manco no acaricias. Que sueñas pero no a la altura de las aves. Que el desierto te reina. Que caminas como quien se da vueltas en un sarcófago. Que tienes voz pero ni tú mismo te oyes. Que sobrevives para el salario mínimo de la oficina. Que una alegría grande es encender la tele. Que tu esperanza es la lotería. Que escuchas el tren pero no lo tomas. Que en vez de ceremonias nocturnas, roncas. Que dices "aquí estoy", y es como si no estuvieras.

Hay personas así.

No seas una de ellas.

*

Oído al pasar: "Si del cielo te caen limones, saca la botella de tequila".

*

Abandona el sin vivir.

Hazte adulto. Hacerse adulto es ser capaz de inventar en cierto modo la propia vida y no simplemente la de vivir la que otros han inventado para uno.

Lo dice Fernando Savater: inventar, en este sentido, es ejercitarse en el único arte verdaderamente importante, el del vivir.

*

No te confundas.

Fuiste arrojado al mundo como milagro o como accidente.

¿Fuiste producto del amor o de un acto mezquino, como una violación? Tú escoge.

Como quiera que sea, aquí estás. Eres.

Una conjunción afortunada o desafortunada de azares te hicieron coincidir en este universo, en esta galaxia, en este sistema solar, en este planeta, en este continente, en este país, en esta ciudad, en este jardín, en este libro, en esta vida.

Coincidiste en esta época con tus padres, con tus hermanos, tus hijos, tus amigos, tus amores y tus desamores.

Piensa en su propia coincidencia, lo que tuvo que suceder desde el *Big Bang* hasta el día de ayer, las alquimias y las fusiones, el polvo estelar y el polvo enamorado, los dinosaurios y la evolución de las especies, para que tus antepasados desde Adán y Eva, desde los primeros homínidos, se encontraran y te dieran el soplo de la vida.

Accidente o milagro, aquí estás.

Absurdo o sinsentido, aquí estás.

¿Tienes un propósito?

¿Hay un fin preciso para tu vida?

¿Algo qué cumplir, una meta?

Te voy a decir una obviedad, una verdad de Perogrullo: tu único propósito, tu único fin, es vivir.

Eso, vivir. Así, sin más adorno.

Vivir.

> *Se puede vivir de muchos modos, pero hay modos que no dejan vivir.*

Fernando Savater

¿Qué clase de vida?, te preguntarás.

Alejandro Rossi observó la vaga hermosura de los hombres que no han decidido aún su vida.

Mantén esa hermosura.

No te ates a ningún camino, a ninguna doctrina, a ninguna profesión.

Sé lo que quieras. Un colibrí impaciente. Un guerrero que afila sus armas contra lo cotidiano. La hermosura escueta que te devuelve el espejo. Un buen padre que no da nalgadas. El buen tino y el buen gusto. La estrella fugaz que cumple el deseo. La canción de la tierra. El fracaso que tú escojas. La cuenta de ahorros que te posicione alto. El baile como prueba de estar vivo. El loco iluminado. El verbo mata carita. La solterona a gusto con sus telarañas. El maestro que sembró alguna idea y algún sueño en un discípulo. La espina del desamor más desdichado. La carcajada más fuerte y sincera.

Sé lo que puedas.

Escucha esa vocecita interna, la que dice: "quiero, quiero, quiero".

Y vive, que ya es bastante.

> *Gracias quiero dar...*
> *Por la mañana, que nos depara*
> *la ilusión de un principio.*

Jorge Luis Borges

Es de la autoría del humorista norteamericano Don Herold, aunque se le ha atribuido a Borges:

> Si pudiera vivir nuevamente mi vida,
> en la próxima, trataría de cometer más errores.
> No intentaría ser tan perfecto; me relajaría más…

Lo dice un hombre de ochenta y cinco años, que ve hacia atrás y ve cómo se le ha escapado la vida. Se está muriendo y se queja porque ya no puede modificar su existencia.

De ser más joven, dice, correría más riesgos, haría más viajes, contemplaría más atardeceres, subiría más montañas, nadaría más ríos. Si pudiera vivir nuevamente su vida iría a más lugares donde nunca ha ido, comería más helado y menos habas, tendría más problemas reales y menos imaginarios.

Un día el tiempo nos alcanza.

Un día te sorprenderás de las arrugas, del frío intenso en los huesos, del sentirte joven en un cuerpo de viejo, de no ver bien y del tropezarte con todo.

Un día te quejarás de no haber hecho más.

De vivir una vida sensata y no intensa. Higiénica y no gozosa.

"Yo era de esos que nunca iban a ninguna parte sin un termómetro, una bolsa de agua caliente, un paraguas y un paracaídas", dice el poeta.

¿Y tú? ¡Sal a la intemperie! ¡Vive! No temas caerte. Prueba uno que otro vicio y abandónalo luego. No abandones la idea del mal pero no tengas en la mente el pecado. Explora. Atrévete a fallar por lo que hiciste, no por lo que dejaste de hacer.

La vida está hecha de momentos, de instantes —como el nombre del poema—. Aprovéchalos, pues.

La vida no es eterna y se acaba.

> *Cada día es como*
> *una pequeña vida.*

Horacio

Oído al pasar: "Cometo errores; luego existo".

No atreverse es perder lo que pudo haber sido.

Lo dijo Henry Miller: la única vida es la eterna, pero no tengo recetas para alcanzarla.

Miller murió a los ochenta y ocho años y hasta el último instante de su existencia se dedicó al *joie de vivre*, como dicen los franceses, "a disfrutar la vida". Fue un hombre pleno que conoció de tristezas y alegrías, de caídas y éxitos.

"Ya viví todos mis ayeres y todos mis mañanas", dijo al cumplir ochenta años.

Igual nosotros. A vivir hasta donde ya no se pueda más, hasta cumplir con el tiempo que se nos ha otorgado sobre la tierra.

Lo divino

En París, en Mayo del 68, los muros tenían la palabra. Los estudiantes se rebelaron ante el autoritarismo de los mayores. Usaron la poesía y la inteligencia para hacerse escuchar.

"La imaginación al poder", se escribió en una pared.

"Decreto un estado permanente de felicidad", se escribió en otra.

Alguien pintarrajeó: "Dios ha muerto". La firma: *Friedrich Nietzsche.*

En efecto, este filósofo alemán lo había proclamado así en uno de sus libros. Nos declaró huérfanos desde entonces.

Al día siguiente, en ese mismo muro, apareció la réplica: "Nietzsche ha muerto". La firma: *Dios.*

*

Dios.

Tenemos una enorme necesidad de creer en un ser superior, alguien que dé sentido al absurdo del inmenso universo y de nuestra pequeña existencia.

Nos da miedo el abismo del sinsentido y aquello que nos es natural, pero que desconocemos: la muerte.

De estos dos miedos surge nuestra necesidad de crear un dios, de crearlo y de creer en Él.

*

Dios se manifiesta en todo.

Una prueba de su existencia es el aroma de las flores, los copetes de las olas, el espectáculo del amanecer, la belleza de las mujeres, la guapura de los hombres, la sonrisa de los hijos, el mover de la cola del perro, el florecer de las jacarandas...

Dios se manifiesta en todo. En las guitarras cuando alegran. En la maravillosa invención de la luna. En el azar de los encuentros afortunados. En el susurro del viento y en la confección del sabor del mango y de las peras.

Dice el violonchelista Pablo Casals: "En la música, en una flor, en una hoja, en un acto de amabilidad... En todas esas cosas veo al que llaman Dios".

Él se manifiesta en todo.

También en el estremecimiento de la tierra, en la furia de los volcanes, en el tsunami asesino, en lo implacable de los genocidas, en el tren que mutila a quien cae en sus vías, en la contaminación de los mares, en la pobreza extrema y en el hambre de muchos millones de humanos.

Hay quien puede afirmar: ése no es Dios sino el demonio. Dios es el aroma de la flor y el demonio las emanaciones de la cloaca.

Hay poesía en ese planteamiento.

Pero no dejo de preguntar (lo sé, lo sé, es un lugar común, pero no por común deja de ser verdadero):

¿Dónde está Dios cuando cae una bomba en un hospital o en una escuela, cuando asesinan a un niño secuestrado, cuando violan a una mujer, cuando una bala perdida encuentra su destino en el cráneo de un inocente, cuando un terremoto aniquila a las familias?

No lo sé.

La respuesta la tienen la perfecta y geométrica ilusión de las teologías, las religiones que todo lo saben, no yo.

Si Dios no hubiera descansado el domingo
habría tenido tiempo de terminar el mundo.

Gabriel García Márquez

Dios tiene muchos nombres y ninguno.

¿El dios de los católicos, el de los musulmanes o el de los judíos? ¿Los varios dioses de los babilonios o los aztecas?

Incluso los griegos, tan lúcidos, tan inteligentes, desplegaron su adoración a muchas divinidades, algunas más poderosas que otras, algunas más traviesas o falibles que otras, pero todas ellas con cualidades y defectos muy humanos.

¿El Thor de los nórdicos, el Visnú de los hindúes, el Khonvoum de los pigmeos de África Central?

¿A qué Dios encomendarnos?

¿Al que adoraban los antiguos, al que desde el oscurantismo nos dio el infierno y la culpa, al que nosotros hicimos a nuestra imagen y semejanza, al que siguen los creacionistas, al que abre la puerta a los mártires, al que castiga por nuestros pecados, al que alimentamos con nuestro pensamiento mágico, al Dios bueno que nos protege y nos ayuda a vivir?

*

Dios, de existir, sería mujer.

Lo dijo el premio Nobel de Física Leon Lederman.

—¿Y como a quién se parecería? —le pregunté.

—A Sophia Loren.

*

No hay un Dios verdadero ni único, tampoco un Dios mejor que el de otras religiones o culturas.

Desconfía del Dios que te ordena matar a otros porque tienen un Dios diferente, o del Dios que discrimina o se muestra intolerante con quienes tengan aspectos, costumbres o ideas distintas.

Si hay un Dios, si tú necesitas creer en uno, que sea el Dios que te sirva a ti, el Dios que te sirva a ti para ser mejor, para vivir mejor.

> *A mí me gusta, a mí me encanta*
> *Dios. Que Dios bendiga a Dios.*
>
> Jaime Sabines

Yo, en lo personal, no menciono demasiado a Dios.

Insisto: de eso se encargan las religiones. Lo hacen mucho mejor, así que sean ellas quienes tengan el dogma, el monopolio de la fe, la última palabra.

Claro que Camus se preguntaba: "Si Dios está en todas partes, ¿por qué los curas?".

Y Henry David Thoreau pregonaba: "Cuando usted llame, pregunte por Dios, no por sus sirvientes".

Oscar Wilde razonaba: "Se recibe la absolución por la confesión, no por quienes escuchan la confesión".

Una cosa es Dios y otra los que hablan en nombre de Dios.

Hay quienes dicen que Dios les habla. Lo hace de manera directa o por medio de alguna revelación o un sueño. Tal vez. Sólo recuerda que el ser humano es simple y sencillamente ¡un ser humano! Por eso tantos crímenes se cometen en nombre de las religiones.

Se ha visto, en tiempos actuales, cómo muchos hombres tenidos como modelos de fe son pederastas. Abusan de su condición de hombres de Dios para tener acercamientos impropios con niños y niñas.

Por eso, recuerda este consejo. Es de Chesterton: "La Iglesia nos pide que al entrar en ella nos quitemos el sombrero, no la cabeza".

*

Cree en un Dios pero desconfía de sus iglesias, es decir, de sus manifestaciones humanas en forma de fanatismo, ropajes de lujo cuando se habla de pobres, inquisiciones y negaciones del holocausto, mártires con explosivos pegados al pecho, dobles o triples morales, predicadores coludidos con el gobernante en turno, capuchas del Ku Klux Klan, terrorismo divino, pederastia, hogueras para los galileos.

Desconfía del que te dice que su Dios es mejor que el tuyo.

Desconfía de ti mismo cuando creas que tu Dios es mejor que el de los otros.

Aléjate del que cometa crímenes o sea injusto en nombre de lo divino.

Que tu Dios sea el de la bondad, el del amor, el de la solidaridad, el de la justicia, el de la beneficencia, el de la apertura, el de la inteligencia, el de la acción positiva, el del humanismo, el de la caridad, el de la indignación, el de la vida aquí y ahora.

*

¿Por qué Dios, que todo lo ve y todo lo puede, parece indolente ante tanto sufrimiento que hay en el mundo?

San Agustín se preguntaba si Dios, siendo tan poderoso,

podía crear una piedra tan pesada que ni Él mismo pudiera levantarla.

Yo creo que esa piedra existe: es el de la pobreza.

En el mundo hay hambre, penas, marginación, desdén al otro, explotación, cáncer, desempleo, egoísmo, riqueza de pocos y pobreza de muchos. ¿Por qué, si hay un Dios, por qué? Jorge Luis Borges, en un gran poema, "Cristo en la cruz", pregunta: "¿De qué puede servirme que aquel hombre/ haya sufrido, si yo sufro ahora?".

*

A veces uno entiende a los alcohólicos y a los suicidas.

A ratos uno entiende a los desesperados, a los sin suerte. También, a los que blasfeman. A los que sufren.

Hay un sentimiento de orfandad. Tal vez no sea cierto que Dios no exista. Decía Pascal: hay que apostar a la existencia de Dios; si existe, qué bueno; si no, no se perderá nada.

Pero uno está arrojado al mundo y su cruda realidad nos hace mirar al alto cielo. Se nos ha enseñado a rezar, a pedirle ayuda a un ser omnipotente pero invisible. Está en todas partes y ninguna. E imploramos. Y pedimos consuelo. La existencia es ardua y a ratos no sabemos cómo hacer para no caer derrotados. Por favor, Dios, pedimos con todas nuestras fuerzas...

Ayúdame a encontrar trabajo.

No nos abandones ahora que estamos tan necesitados.

Cura a mi hija del cáncer que padece.

No nos arrebates lo que más queremos, a nuestro padre o a nuestra madre, a nuestros hijos.

Sufro mucho, merezco ser feliz.

"Mi Dios, piedad...", pedía Arthur Rimbaud.

Y nadie responde.

Alguien, nunca falta alguien así, nos dice: "tal vez no rezas con la convicción o la fuerza necesarias".

Otro: "Los caminos del Señor son insondables".

Tal vez. Pero el silencio persiste. Y no parece haber nada, nadie, ni allá en el cielo, ni en las iglesias ni en ninguna parte.

¡Ah, el enorme y despiadado silencio de Dios!

Oramos, y nada. Pedimos, y nada. Nos arrodillamos en los templos, y nada. "Mi testigo es el cielo vacío", como escribió Jack Kerouac.

Esa orfandad es terrible. Hay quien sustituye esa ausencia, esa falta de abrigo y refugio, con sustitutos de fe, con paliativos de felicidad.

Lo dice Marguerite Duras, escritora y alcohólica: "El alcohol suplió la función que no tuvo Dios". Abundó al respecto, ella que era inteligente y lloraba y escribía y bebía mucho:

> El alcohol es estéril. El alcohol no consuela, no llena ningún vacío psicológico. Solamente sustituye la ausencia de Dios. No conforta al hombre. Por el contrario, acrecienta su locura y lo transporta a las regiones supremas donde es dueño de su destino.

O, mejor, donde el hombre siente que es dueño de su destino.

*

Escribió, hace muchos siglos, ese filósofo llamado Epicuro:

> ¿Dioses? Tal vez los haya. Ni lo afirmo ni lo niego, porque no lo sé ni tengo medios para saberlo. Pero

sé, porque esto me lo enseña diariamente la vida, que si existen ni se ocupan ni se preocupan de nosotros.

Jorge Luis Borges, por su parte, consideraba que las religiones deberían estar consideradas en el rubro "literatura fantástica". Esto fue exactamente lo que dijo: "Yo diría que el concepto de Dios es la máxima creación de la literatura fantástica. Es mucho más extraña la idea de Dios que la idea del Golem".

*

Como Dios no podía estar en todas partes, inventó a las madres. Como las madres no podían estar en todas partes, inventaron a Dios.

*

Cree en un dios si te sirve para vivir.
O, al revés: no creas en un dios si te sirve para vivir.
A veces es más sencillo creer porque el universo asusta.
A veces es más complicado no creer porque el universo asusta.

*

Si crees en Dios, un dios hecho a nuestra imagen y semejanza, que puede saberlo todo, hasta nuestros malos pensamientos, que está en todas partes, que entra en ti y te ilumina, te guía y te da fe; pídele serenidad y alegría para sobrevivir hasta que comparezcas ante su misericordia infinita.

*

Si no crees en Dios, si su omnipotencia y omnipresencia chocan contra tus neuronas y tu lógica, contra la ciencia y lo puramente objetivo, condénate a ser polvo sin remedio, cadáver sin resucitar, un absurdo que nadie redime. Pero no te preocupes, igual sucederá con los otros.

*

"No tener un dios es también un Dios", dice Pessoa.

También escribe: "A veces soy el Dios que traigo en mí". Y reconoce: "A veces no soy más que un ateo de ese mi dios que soy cuando me exalto" y "veo dentro de mí todo un cielo y es un mero hueco cielo alto".

*

La vida es tan insoportable que necesitamos inventarnos un cielo.

La vida es tan terca que nos aferramos a la tierra.

Somos polvo que aspira a lo eterno y lo divino.

*

Ese Dios existe.

En efecto, está hecho a tu imagen y a tu semejanza.

Está en ti.

LA VIDA SENCILLA

Vive para ti sólo, si pudieres;
pues sólo para ti, si mueres, mueres.

FRANCISCO DE QUEVEDO

El discurso amoroso

Ama.

El universo entero es otro cuando amas.

El hambre es diferente, porque estás dispuesto a compartir o a dar por entero el pan y la sal, las dos o tres estrellas que posees, la última moneda de oro o de ilusiones que guardes, al ser que amas, el único habitante de tu esperanza, tu felicidad, tus deseos, tu redención.

Jesús dice: "Dios es amor".

Osho dice: "Amor es Dios".

Gandhi dice: "Amor y verdad son las dos esencias de Dios. La verdad es el objetivo y el amor el camino".

Entre una y otra prédica está la verdad, tu verdad. Esa verdad.

Ama.

> *Ama y haz
> lo que quieras.*
>
> San Agustín

> *El amor es así, necesita confirmación,*
> *un espejismo que exige realidad.*

Alejandro Rossi

> *Polvo seré, mas polvo enamorado...*

Francisco de Quevedo

Lee poesía amorosa.

Empápate de la flecha de Cupido cuando se hace verso.

Imagina que siembras un durazno con el nombre amado.

Habla de la boca que no tiene inconveniente en susurrar el misterioso viento del deseo.

Recuerda en el perfil de la montaña a tu pareja suavemente recostada.

Di, como André Breton: "Tus nalgas de espalda de cisne".

O como Sabines: "Iluminado, ciego, lleno de ti, derramándote".

Llénate de juventud, de piel, de refugio, de habitaciones a oscuras, de preguntar a los árboles y a las estrellas.

Entérate de la distracción súbita de lo cotidiano, de esos ojos para entender el universo, de esos brazos como una selva pródiga, de ese misterio del mar en la entrepierna, de la llave mágica que es como un gancho al corazón de lo verdaderamente bello, de lo verdaderamente bueno.

Descubre la metáfora lateral de la noche y de la música que enchina la piel. Entiende de la rosa más allá del jardín, y de las jacarandas en sombra y en flor.

Goza el amor y sufre el desamor con la exactitud del poeta cuando es bueno y ha besado más de lo que ha leído.

Como estos versos de Rubén Bonifaz Nuño:

Llora: que en este mudo afán que me encadena no te tuve jamás; pero te pierdo como si hubieras sido siempre mía.

A mí me ha tocado no estar contigo. Recuerdo a Fernando Pessoa: "O amo como ama el amor./ No sé de otra razón para amar que amar".

> *En nuestro cuerpo y alma hay*
> *como ventanas que sólo el amor*
> *puede abrir por completo.*

Susanna Tamaro

Escribe una carta de amor.
Muchas. Varias.
Anaïs Nin dice que nada existe a no ser que se escriba.
No sólo digas "te amo".
Adórnalo con la vehemencia de la luz del faro que detiene el naufragio cotidiano, con el sonido de un durazno cuando se muerde, con muchas rosas bellas y con el poder de las estrellas y los amaneceres.
Que tus besos no aren el viento. Que no se desvanezcan. Escríbelos con palabras tuyas y momentos de poeta.
Que tus caricias no se las lleve el río del tiempo. Ni tus afanes de amor ni tus desvelos. Conserva en palabras lo que amaste, los inolvidables ojos, el anhelado aroma de su cuello, la ternura que diste o te prodigaron, el placer del universo entero convertido en promesa, en pareja.
Que tus lágrimas o tus sonrisas de enamorado no se siembren en el mar, eterno y peligroso, lejano.

Afírmate en una carta de amor.

Di: existo, merezco ser amado, te amo.

Ábrete a la intimidad. Deja atrás el pudor y atrévete. Piensa en su cabello, lo que te inspira. O en sus labios, su piel o sus pies. Di amor de diversas maneras, con lágrimas o con un reclamo suave, con la alegría del primer beso, con el roce de eternidad de dos cuerpos que se juntan.

Inspírate en la luna, en la nostalgia de la lluvia, en la voz de los poetas, en tu propia voz de bendecido o maldecido por el amor.

Grita tu alma en palabras que toquen, que acaricien. Una carta de amor —papel, tinta, perfume— es una extensión de tu ser enamorado, de las manos que rozan las mejillas, de los besos en los rincones saboreables, de los ojos que no escuchan más que el aroma de la media naranja, de tu voz convertida en su nombre y en la palabra ternura o delicia.

Es la mano que te toca porque te escribe.

Es la voz que edifica un paraíso.

Es la noción de que el silencio es insoportable debido a la necesidad de externar un *te amo* distinto, nuevo, vigoroso.

Escribe.

Mételo en un sobre. Ponle un timbre. Mándalo por correo al lugar del corazón.

> *Poned atención: un corazón*
> *solitario no es un corazón.*

Antonio Machado

"No hay solución fuera del amor": la consigna es de André Breton.

Debería ser uno de tus poetas favoritos. Fue un surrealista, un hombre entregado a escribir y a amar como estilo de vida.

"La poesía se hace en el lecho como el amor", escribió. "Del amor sólo he querido conocer las horas de triunfo", dijo en otra parte.

"André Breton ama como late un corazón", lo definió Marcel Duchamp. Era el amante del amor en un mundo que cree en la prostitución.

Reducir el arte a su más simple expresión: el amor, eso quería.

El amor tiene pleito casado con la vida, tan lleno de obstáculos, de prejuicios, de dimes y diretes de una sociedad injusta e hipócrita.

El amor humano tiene que reconstruirse: hay "un desgarre en el lugar del corazón", diagnosticaba.

Creía en el amor porque amaba la vida. La maravilla de la vida. La maravilla de ser uno con el otro, con la otra.

Escribió un libro singular: *El amor loco*, pues para él era el único posible, el que iba más allá del enjuiciamiento de la sociedad para ser lo que es, amor puro, amor eterno, amor revolucionario, amor para derrotar a la miseria, amor por el goce de estar vivo y compartirlo con la persona amada.

A su hija Aube le escribió una hermosa carta, iluminadora y sincera: "Pasaste del no ser al ser debido al amor más seguro de sí mismo".

Al final le formula su más querida y profunda aspiración: "Deseo que seas locamente amada".

*

Yo también te lo deseo:
Sé locamente amada, amado.

*

Supera la ley deprimente de lo cotidiano, del divorcio entre la realidad y el sueño y el deseo, mediante un simple acto: ama.

Lo dice Camus: "No ser amado es una simple desventura. La verdadera desgracia es no saber amar".

*

Sólo existen dos clases de personas: las que aman y las que no aman.

Después de todo, el amor y el arte son la única forma de inmortalidad que se nos permite.

> *Nunca podrá usted ver esta estrella como la veo yo. Usted no comprende: es como el corazón de una flor sin corazón.*
>
> André Breton

También están los casados.

Afirma Raymond Chandler que "el primer beso es mágico, el segundo íntimo, el tercero rutinario".

Foucault, palabras más, palabras menos, comparaba al matrimonio con un cuartel, un hospital o una cárcel. El matrimonio es una institución creada para proteger a la pareja y a la familia, pero donde también se ejercen violencia y dominación, distintas formas de poder y manipulación, y donde en esencia se constriñe la libertad individual. Esto, a la postre, desgasta. Estar casado, dicen, es dormir con el enemigo. También está la rutina, lo ya sabido, lo mecánico de la vida en común, las obligaciones que nunca terminan, la pasión sexual que se enfría.

Lo supo Balzac: "El matrimonio debe combatir sin tregua un monstruo que todo lo devora: la costumbre".

De casado a cansado sólo hay una letra de diferencia, como bien lo notó Lope de Vega.

Aparece el desencanto y la infelicidad, que propician la abulia o esas batallas perdidas: las peleas conyugales. Cónyuge, por cierto, es una palabra muy significativa. Etimológicamente es "compartir el yugo", ese artefacto de madera, pesado y estorboso, que se le pone a las mulas o bueyes para obligarlos a tirar de una yunta y arar. Igual, en el matrimonio, son dos personas unidas por un yugo que las somete a un estado que puede resultar fatigante, poco sano, doloroso, triste, incluso carcelario.

Ya no hay el "y vivieron felices para siempre" de los cuentos de hadas. El yugo pesa, la desidia matrimonial carcome las almas y los corazones.

¿Qué hacer? Largarse es una posibilidad. Si hay divorcios es porque hay matrimonios.

Pero también está echarle ganas, reinventarse, confiar en las bondades del amor. Porque el amor, ya se sabe, no sólo es miel, nubes y corazoncitos, sino los frentazos que se da una pareja enamorada con la realidad.

Lo dice Gabriel García Márquez:

> El problema del matrimonio es que se acaba todas las noches después de hacer el amor, y hay que volver a reconstruirlo todas las mañanas antes del desayuno.

> *Al amar, es el alma nuestra piel,*
> *lo que cubre nuestro cuerpo.*

Friedrich Nietzsche

Ama.

Hazlo aunque el amor termine.

Si has llorado y sufrido por el amor que se va o el que se acaba, sabes a qué me refiero.

El maldito desamor.

Esa punzada en el alma, que es como todas las torturas juntas.

Si el amor es festejo, el desamor es duelo.

"Si todo se ha de ir, ¿por qué llegaste?", se pregunta Rubén Bonifaz Nuño, el poeta mexicano que más ha indagado con sus versos tiernos y coléricos las bondades y desdichas de ese "don de Dios", que es el amar, y ese "corazón en las espinas" que es la separación de los que se aman.

En nuestros días los casos de desamor se multiplican. La pareja falla. La pareja huye de sí misma. La pareja hace malabares para subsistir.

Qué triste paradoja: primero nos dedicamos a encontrar a la persona deseada, y luego, tristemente, a soportarla. La amamos hasta casi rendirle pleitesía y luego nos preguntamos qué le vimos, cuándo cambió, por qué ya no sentimos las mariposas de antes y sólo escuchamos el bostezo y la queja cotidiana. O las discusiones que terminan en pleito.

"Mira bien, lo que hacemos los dos, siempre peleando así", como dice la canción.

> *En esas noches de armas, bajo el rayo,*
> *la sangre me convence, hermana, que*
> *en esta jaula, en estos fríos sótanos sin*
> *cielo, alguien (o tú o yo) está de sobra.*

Félix Suárez

¿Qué es una escena matrimonial?, se pregunta Michel Tournier.

Es el triunfo de la mujer. Es cuando la mujer consigue, por fin, a fuerza de acoso, arrancarle al hombre de su silencio. Entonces él grita, vocifera, injuria, y la mujer se deja bañar voluptuosamente por aquel aguacero verbal.

Las famosas escenitas del amor a punto del desamor. "Cuando no hay dinero, el amor sale por la ventana", dicen. O la presencia del otro o de la otra, los malditos celos que, estipulo, no deberían de existir, tan terribles que son. La sombra hiriente de la infidelidad, la marca de lo ajeno en la piel que nos pertenece.

Escenitas de rechazo, de terquedad, de ira, de celotipia, de gritos, de llegar a las manos, de aventarse la vajilla y los malos momentos. Ah, el maldito y doloroso desamor.

> *Es la tristeza de otra tarde sin tus manos,*
> *sin la fiesta de amor que ya perdimos.*

Francisco Conde Ortega

El amor tiene que ver con la vida y por eso duele, por eso se encela, por eso se desilusiona, por eso se transforma, por eso envejece y muere. El amor se complica porque se hace aburrido, monótono, porque hay malos tratos y traiciones, gritos y sombrerazos, estrecheces económicas, dolor y llanto.

"Ningún amor termina felizmente (se sabe)", observa José Emilio Pacheco.

Es cuando la amargura se hace presente y las palabras tiernas un remoto pasado. "Yo la amé y ella también a ratos me quiso", dice Pablo Neruda. No importa el género: la desesperación y la tristeza son las mismas.

Afligido amor, desdichado amor, pinche amor, desolado amor.

> *Un amor despiadadamente roto*
> *es igual que el suicidio y se puede*
> *ya no volver a vivir jamás.*
>
> José Revueltas

El desamor.

La desaparición del amor y la separación de los que se aman no es nueva bajo el sol.

Sucede que ahora es más notoria. Antes, se disfrazaba.

"En la alcoba profunda podríamos andar meses y años, en pos del otro, sin hallarnos", como escribió Vladimir Mayakovski.

Las mujeres argumentaban dolor de cabeza y los hombres una partida de dominó. El macramé y las cantinas como terapias de género. El hombre mandaba y la mujer era sumisa.

Ya no tanto.

Los tiempos cambian. La mujer trabaja su doble jornada, es capaz de subsistir por sí misma y de no necesitar del hombre para ser. No quiere gritos ni reclamos, abusos físicos o verbales, ni chantajes ni estar con quien la trata como a un inferior. Es el desamor moderno, el que agarra sus chivas y se va. El amor a uno mismo como respeto y como opción.

"El amor es la piedad que nos tenemos", escribió Efraín Huerta.

No es mero narcisismo. Es un obligatorio afán de sobrevivencia.

*

El desamor es desamor, no importa si los tiempos cambian, si la mujer trabaja, si el machismo imperante sufre algunas derrotas del feminismo a ultranza.

El desamor existe, sigue ahí. Llora sus penas en secreto, se soba los golpes a solas, aguanta la indiferencia, el ninguneo, la falta de cariño, la existencia de la otra o del otro. El maldito desamor. Tanto amar para qué.

Lo dice Marco Antonio Solís, *el Buki*: "Si no te hubieras ido sería tan feliz".

O Paquita la del Barrio y sus ratas de dos patas: "¿Me estás escuchando, inútil?".

Lo escribe mil veces mejor Bonifaz Nuño:

> ¿Qué es lo que pasa, qué nos hace que durmamos confiados una noche, una noche cualquiera, protegida, seguros del amor, acompañados, y despertemos, un momento más tarde, solos, abandonados, indefensos?

> *Ser psicoanalista es saber que todas las historias terminan hablando de amor.*

Julia Kristeva

Amar es equivocarse, como lo comprendió Fernando Pessoa.

Dice el psicoanalista Jacques Lacan que "amar es dar lo que no se tiene a quien no es".

¿Hay remedio?

Durante algún tiempo creí que no.

Triunfaba más el desamor que el amor.

Tantos fracasos, tantos intentos. ¿Para qué empeñarse en amar si todo iba a terminar en dolor y en despedidas?

Mejor la soledad, las caricias sin nombre que perdure, sin compromiso, sin reclamos, sin lealtades, sin amor. No volver a meter la pata, blindar el corazón para no sufrir de este nuevo desorden amoroso que trae consigo la época que nos ha tocado.

Nunca más dejar que nuestro corazón vuelva a sufrir.

Pero es imposible.

Así como llega el desamor, así también aparece el amor.

La sensación de inmortalidad tras un beso, la necesidad de pertenencia a otro cuerpo, la alegría de descubrir un rostro que nos alegre el día, la noción de que ahora sí es la persona buena, la que esperamos con ansia toda la vida. Amar y desamar, estar un tiempo con la mejor y otro con la peor de las parejas, celebrar la compañía de alguien extraordinario y guardarle luto porque no lo era, es el latido de los corazones enmendados y rotos.

*

Amar duele. Y a ratos es como una pequeña muerte.

La distancia entre dos que se aman, la separación de los amantes, es terrible. Hay quien, por consigna, por omisión o por maldad, te hace sufrir más. Y lloras. Te echan sal en las heridas. Pobre de ti. En esos casos ayuda la sabiduría popular. Esa que afirma: "Si no moriste por comer tacos en la calle, que ni crean que te pueden hacer morir de amor".

*

Hay quien se dedica a seducir, a conquistar, sin amar.

El casanova y el don juan, el mujeriego, como oficio de vida.

Hay quien se refugia en el rencor, en los malos recuerdos de los corazones rotos, en el haber amado mucho y haber sido amado poco.

También está la soledad, la respuesta del ermitaño que rehúye del mundo para no saber y no involucrarse con los demás, con el dolor de ser y deshacerse en penas por un amor ingrato.

Hay muchas maneras de sobrellevar el desamor.

Yo te propongo una, que algo tiene del clavo saca otro clavo. Escucha:

La consigna para vivir y no morir en el intento es amar con locura y desamar con cordura. Dejar entrar y dejar ir.

Lo dice Renato Leduc: "Amar a tiempo y desatarse a tiempo".

Next. La siguiente o el siguiente. No hay de otra.

*

Lo dice un anuncio de El Palacio de Hierro: "El hombre de mi vida es siempre el siguiente".

Y para que haya igualdad: la mujer de mi vida es la siguiente.

*

Ten en mente: el amor no es remedio ni panacea. No resuelve los retos de la vida.

Sólo, a ratos, los hace menos arduos; y, a ratos, más evidentes.

Amar no te salva de morir pero te da un sentido para la vida.

Lo supo Balzac: "Puede uno amar sin ser feliz; puede uno ser feliz sin amar; pero amar y ser feliz es algo prodigioso".

*

Recuerda: "un corazón solitario no es un corazón".

El ser humano está diseñado para muchas cosas, mas no para estar solo.

Como decía Frida Kahlo: "Donde no puedas amar, no te demores".

*

No te enamores ni ames, por el simple hecho de amar, a barbajanes o barbajanas.

No trates de ser la figura materna o paterna de quienes ames, o su centro de caridad o su psiquiatra. Recuerda aquello de que "el truco está en no imaginar un futuro con alguien que no ha superado su pasado". No ames por amar. Ama a quien se lo merezca. Que te amen porque te lo mereces. Es cierto que el amor es ciego, pero el corazón es inteligente. Ama a quien no te joda. A quien no te cambie sino te mejore.

*

Recuerda, como dice Marisa Escribano en un poema, "que siempre hay alguien a quien amar".

*

Además, lleva en ti esta gran verdad: "Ser amado te da fuerza, amar a alguien te da valor".

*

Amar duele. Pero amar te da sentido, es una de las grandes razones (si no es que la única) para vivir.

Amar y vivir, pese a todo, para ser lo que ambicionas ser.

Contempla, cuerpo

"Dame castidad y continencia, pero todavía no".

¿Recuerdas de quién es la frase? Exacto, de san Agustín.

Gran pecador y gran santo. Fíjate: se entregó primero a los placeres de la carne, de los sentidos, y luego a los del alma, los del espíritu.

*

"Recuerda, cuerpo, cuánto te amaron".

Es un verso de Cavafis. Gran poeta. El poeta del erotismo, de las sensaciones presentes y pasadas del cuerpo, del calor de la piel en las habitaciones oscuras.

"Recuerda, cuerpo", es un himno a la nostalgia del placer. Es un hombre viejo el que lo escribe, quien añora el deseo, los labios temblorosos y el brillo de la carne en los ojos.

Cavafis es el poeta de los impulsos del cuerpo, el de la audacia de las manos que acarician, el de las sensaciones que nutren nuestro paso por la vida, el de la noche como exploración de los placeres.

Dale a tu cuerpo esa oportunidad: la de recordar cuánto has amado y cuánto te amaron.

Cavafis escribió, con profunda sabiduría:

Aquellos que han rehusado no se arrepienten de
          [nada. Si les preguntaran de nuevo
repetirían: NO. Y sin embargo ese NO,
ese justo NO, los abruma el resto de su vida.

*

Escribe una carta erótica.

Erótica, no pornográfica.

La pornografía es el mete y saca, la satisfacción de uno y la insatisfacción del otro, los gemidos y los placeres fingidos, la carne por centímetros, por kilo o por implantes.

El erotismo es la imaginación de la piel. La fantasía llevada a cabo. Es el goce de los sentidos.

Imagina lo que te gustaría le hicieran a tu cuerpo y escríbelo. Escríbelo para ti mismo y para tu pareja.

Detente a recordar la lengua que explora el estremecimiento de la nuca y la espalda.

Deléitate en la boca húmeda, los besos del deseo, el amor y la experiencia, los labios concentrados en el placer de tu hombro, de tu empeine, del lugar donde Venus o Marte se esconden, de eso que despierta a la pasión y a sus fieras.

Describe el olor de la cama revuelta, de los humores propios de los cuerpos que se entregan al deseo, ese dejo de saliva, ese desliz de sudor, esas emanaciones de mar encantado, ese perfume de las guerras en campos de plumas, esa química de los amantes que se dan tiempo para desvestirse, entrepiernarse, bromear, gemir, suspirar y recargar el hombro en el pecho del otro. Cucharear.

Habla sin pudor de lo que te gusta.

La caricia que no se dice en voz alta: decrétala, escríbela.

Las mallas, el tacón alto, la actitud de pirata, el inesperado encuentro en el ascensor, el látigo y la nalgada, la máscara de luchador o el ruido de olas, la música que te sitúe junto a una chimenea, una noche estrellada o el ritmo pausado de los cuerpos.

Tu lado cachondo, ponlo con sus goces y sus letras, con sus prohibidos y sus qué dirán.

La posición que nunca has hecho, hazla.

Atrévete. No te preocupes si te llaman puta o barbaján. No lo eres.

Sé rudo con cariño.

Atrévete, con respeto, con ternura.

El erotismo es entendimiento mutuo, pieles que optan, el placer sin castigo, el arte de las manos que acarician.

Dale permiso a tu piel, a tus manos, a tu boca, a tu cuerpo. Y a la de él, a la de ella.

Escribe sobre esta forma de la inmortalidad: la de los cuerpos que se gustan y se reconocen, cuando se interrumpe el tú y el yo, mi egoísmo y el tuyo, para crear el uno, el nosotros.

*

Lo dice Roland Barthes: "El lenguaje es una piel: yo froto mi lenguaje contra el otro. Es como si tuviera palabras a manera de dedos, o dedos en la punta de mis palabras".

*

Acaricia con la palabra.

*

Rabelais la llamaba "la bestia de las dos espaldas".

Es la pareja entregada al sexo, dos que se convierten en uno solo por la animalidad de un acto carnal o por la magia de un acto de amor.

Nosotros llamémosla el amor que se hace carne.

La pasión que domina al huracán y al sismo en el lecho.

El encuentro momentáneo con la inmortalidad.

El hoyo negro del deseo que se cumple.

Nuestro ser animal que aúlla y que gruñe.

El himno a la alegría entre las sábanas.

El mar que se mete entre las rocas.

El sol que sale por la noche, la frialdad que se acaba, el árbol que se convierte en cantarino pájaro, la nube de piel por la que andamos.

Haz el amor.

Hazlo por gusto, por vocación de humano.

Olvídate de perpetuar la especie, que ya somos muchos, o de plantar la semilla, fundar tu saga de genes y taras, tu herencia de alegrías e insatisfacciones, tu dinastía de ataúdes que caminan, tu apellido perpetuado hasta la ignominia, la cara amable de tu madre o el lunar en el brazo de tu padre, que ya somos muchos.

Haz el amor.

Convoca al colibrí y al néctar, al faro y al barco, a la mano que toca y al pezón que responde.

*

Si eres joven y te inicias en los goces del sexo, disfruta pero cuídate. Que no se te aparezcan los dos grandes fantasmas de la práctica del amor a edad temprana: las enfermedades de transmisión sexual y el embarazo no deseado. Una cosa es la calentura del momento y otra las preocupaciones que durarán para siempre. Protégete. Usa condón. No hay aquí una simple campaña moral o de salud sino un consejo de vida. No te ates a las responsabilidades cuando sólo querías disfrutar de algo natural: tu cuerpo en otro cuerpo. Recuerda estas palabras, salidas de la más honda sabiduría popular: "Si no tiene para comprar un condón, ¿crees que tendrá dinero para comprar pañales?".

*

Si eres mujer, disfruta tu sexualidad.

Hazlo libremente, con responsabilidad.

Recuerda las palabras de la pensadora francesa Simone de Beauvoir: "Una mujer libre es todo lo contrario a una mujer fácil".

¡Pero ten siempre en mente la diferencia!

*

Si eres mayor, recuerda: el cuerpo se extingue pero el erotismo no se agota. Por eso hay *milfs*, *cougars* y viejitos raboverdes. El cuerpo necesita de esa bondad: la del otro o la otra que distraen de eso que parece una traición: el envejecimiento.

En uno de sus poemas, Jaime Sabines, ya entrado en años, y ante el alud de recomendaciones que le hacían para cuidar su salud, escribía:

> La única recomendación que considero seriamente es la de llevar una mujer joven a la cama porque a estas alturas, la juventud sólo puede llegarme por contagio.

El cuerpo es el que se arruga, pero no el deseo, o por lo menos, no el recuerdo del deseo. Hacer el amor a cierta edad no sólo consiste en la penetración. No es verdad que, en términos sexuales, el acto amoroso dura en tanto se conserva la erección. Hay más, mucho más, y todo depende de cómo queramos o no disfrutar y disfrutarnos en otros cuerpos. Hay dos opciones: apagas el deseo y lo mantienes satisfactoriamente apagado, o lo conservas lo más intacto que puedas y tratas de satisfacerlo conforme a los estragos o no de tu edad.

En *La casa de las bellas durmientes*, el escritor japonés Yasunari Kawabata, Premio Nobel de Literatura, nos pone el ejemplo de un anciano, Eguchi, quien ha perdido la vitalidad sexual y que asiste a un burdel donde se dedica a contemplar muchachas vírgenes y desnudas, que se encuentran dormidas. Las ve y se recuesta a un lado de ellas. Es lo único que puede hacer. Él mismo se pregunta: "¿podría haber algo más desagradable que un viejo acostado durante toda la noche junto a una muchacha narcotizada, inconsciente?". No hay caricias ni coito, sólo el recuerdo de lo que alguna vez fue. A Eguchi "la fealdad de la vejez lo estaba acosando", pero la belleza de sus memorias eróticas lo acompaña. Ha escuchado de algunos viejos como él que, al visitar el prostíbulo y acostarse a un lado de las muchachas dormidas, sollozan, y de otros que "recuerdan lo que sentían cuando eran jóvenes".

No hay edad para la sensación de otra piel junto a la nuestra.

Como afirma Octavio Paz: "En todo encuentro erótico hay un personaje invisible y siempre activo: la imaginación".

> *El sexo es una de las nueve razones*
> *para la reencarnación... Las otras*
> *ocho no son importantes.*
>
> Henry Miller

Establece tus ritos.

Es decir, la seducción de la penumbra, de la ropa interior, de la charla y del buen humor como antesala y condimento del mismo placer, como afrodisiacos.

Date.

El secreto de hacer el amor es dar, no recibir.

Hazlo saber a esa espalda de nalga de cisne que acaricias, a esa boca que es como un libro erótico de adolescencia, a esa espada henchida de victoria que se envaina, a ese secreto entre las piernas, a esos hombros que se intimidan con un beso, a ese temblorcillo que llega a ser sagrado como un templo.

Si eres hombre, aguanta el ansia primitiva de conquista. Aguarda con sabiduría de buen amante y entretenla con caricias acordes y certeras. Un simple dedo que recorre lentamente a la otredad hecha belleza hace maravillas si se transforma en juego, en deseo, en me gusta tocarte. O el aliento cálido o el morder con suavidad un pezón o una oreja.

No lleves prisa. Acaricia, reconoce el terreno, detente aquí y allá donde a ella le gusta, explora lo que te dicte su cuerpo, saboréala, huélela, busca el estremecimiento de la nuca, descubre el erotismo del pie y del susurro, del labio tierno que recorre la espalda, los hombros.

El misterio de su sexo, reconócelo hablándole sin hablarle, háblale en círculos, en succiones, en océanos que al lamer las rocas despierten gemidos y la explosión de la hembra convertida en placer ramificado de un sol interno.

No seas un vulgar mete y saca, vacío de sí mismo a la primer puntada de la aguja que ni borda ni cose. Busca, en las entrañas de la tierra, la veta que lleva el nombre secreto de tu amada. Mantén un ritmo y detenlo. Vuelve a empezar. Explora posturas, confecciona kamasutras que les acomoden. Juguetea. Sal de ella y bésala, sé dueño de sus pezones, de sus rodillas, de su cuello. Entra en ella y trátala como un barco que se mece al influjo de un mar tranquilo.

No te separes de inmediato. No te quedes viendo al techo sino al interior de la otra piel. No ansíes la pizza, el partido de futbol.

Si eres de los anticuados, fuma.

Ahueca el hombro y el pecho para que ella repose su bienestar de hembra.

Conversa, no ronques.

Si eres mujer, date.

Proporciona goce al guerrero de la burocracia, al *bwana bwana* de los negocios, al héroe de los partidos de futbol llaneros, al caballero andante del teodolito o del pizarrón.

No busques rufianes sino hombres sensibles, bondades y no patanerías. Aléjate del barbaján, del que patee perros, del que no recuerde ni un solo verso al amor o a la madre.

Olvídate del que no escucha, del que no te escucha, porque sólo piensa en sí mismo.

Pídele que comprenda tu ritmo, que te acompañe hasta que seas tú y se dé el gemido mutuo, el nosotros. Pídele la sonrisa de Venus, no sólo la satisfacción de Marte. El feminismo suave del lecho.

Procura entender las artes de lo que ocurre bajo las sábanas, la piel que suda y se entrega. Di lo que te gusta y lo que no. Pon de tu parte.

"El orgasmo es de quien lo trabaja", decía Efraín Huerta.

*

Recuerda a D. H. Lawrence: "El mundo está lleno de esos seres incompletos que andan en dos pies y degradan el único misterio que les queda: el sexo".

No permitas que, en la cama, nadie te degrade.

No hablo de moralismos vanos o anticuados. Hablo de tu cuerpo, que merece respeto. De tu alma, que en esos momentos está a flor de piel con tu cuerpo. Del despliegue de tu sexualidad, que es sagrada y te une al asombro del universo y a lo mejor que puede dar la vida.

Quédate con quien, en la cama, no te tortura, no te hace sentir incómoda, y en cambio, te ofrece un gozoso atisbo de inmortalidad.

*

Inventa. Reacomoda. No permitas que el rey pálido del aburrimiento y la reina abúlica de la monotonía entren a gobernar los cuerpos.

Lo supo Anaïs Nin: "El sexo pierde todo su poder y magia cuando se torna explícito, mecánico, exagerado, cuando se vuelve una obsesión mecánica. Se vuelve aburrido".

Pon atención a las necesidades de tu pareja, a sus bostezos y entusiasmos. Otra vez Anaïs Nin:

> La monotonía no es sana para el sexo. Sin sentimientos, invenciones, humores, sin sorpresas en la cama. Debe mezclarse con lágrimas, con risas, palabras, promesas, escenas, celos, envidia, con todas las formas del miedo, de lo exótico, de las nuevas caras, novelas, historias, sueños, fantasías, música, danza, opio, vino.

*

Y habla. Di lo que te gusta y lo que no. Pregunta a tu pareja lo que le gusta o no.

Es cierto que entre dos que se aman los labios están ocupados en besarse. Pero, entre beso y beso, entre caricia y caricia, conversa. Uno es palabras. Las palabras sirven para encender o apagar, para acostarse o dormir, para hacerse presente o para extrañar.

Michel Tournier, en uno de sus mejores libros, *Medianoche de amor*, nos cuenta de Oudalle y Nadege, una pareja cuyo amor se ha ido desvaneciendo. La fatiga y el hastío han entrado en sus corazones. Hay silencio entre ellos. "A fuerza de estar separados, no tienen nada que decirse". Han decidido convocar a sus mejores amigos para darles a conocer lo inevitable: su ruptura amorosa. Durante la cena, cada uno de estos amigos se dedica a contar una historia.

Son historias distintas, pero todas ellas relacionadas con la belleza del mundo y cómo esta belleza es vista a través de los ojos del amor. Oudalle y Nadege los escuchan, y al hacerlo, comprenden que se aman y que deben luchar por lo que sienten. Vuelven a enamorarse. Reconoce ella: "Tal vez lo que nos faltaba era una casa de palabras donde habitar juntos".

Para Tournier es claro: "Las parejas mueren por no saber ya qué decirse".

Habla. No permitas la llegada del silencio. Y si llega, que incluso tus silencios hablen. Habita esa casa de palabras con quien tú ames. Recuerda las palabras de Anaïs Nin: "Lo intelectual, lo imaginativo, lo romántico, lo emocional: todo eso le da al sexo una textura, una transformación sutil y un elemento afrodisiaco".

*

Sabiduría incuestionable:

En palabras de Robert Musil: "Las almas se unen cuando los labios se separan".

En palabras de Anaïs Nin: "Sólo al latir al unísono pueden el sexo y el corazón crear el éxtasis".

En nuestras palabras: una vez que has hecho el amor, el sexo se vuelve irrelevante.

La muerte, ese inconveniente

Es tan dura la vida que hasta te mata...

Clarice Lispector

En tu lecho de muerte, ¿qué dirías?
  ¡Ahí les dejo su mundo de mierda!
  Les encargo a su madre. Les encargo a su padre.
  No se olviden de mí.
  Los quise mucho.
  Hasta luego.
  No me quiero morir.

*

Todo eso está bien, todo eso se vale.
  Lo que no se vale es decir:
  No viví.
  No aproveché mi vida.
  No supe cómo se pasó tan rápido todo.
  Me arrepiento por lo que no hice.

*

"No llegamos a ninguna parte porque, metafísicamente
hablando, no hay a dónde ir", escribe Henry Miller.
  No le falta razón. La muerte nos copa, nos dice: no importa

lo que hagas, lo mucho que te esfuerces, todo es inútil, un día te ataparé, un día morirás y todo lo que construiste se desmoronará; todo lo que amaste se desvanecerá; todo lo que fuiste ya no será.

Nos espera el fin. La tumba. La no existencia. Ese frío y pálido misterio.

Lo dice Borges:

Sólo me queda la ceniza. Nada.
Absuelto de las máscaras que he sido,
será en la muerte mi total olvido.

*

Somos mortales.

Algún día moriremos. No podemos escapar a ese destino. Nadie lo ha hecho.

Hay un cuento muy ilustrativo al respecto. Escritores tan diversos como Jean Cocteau, William Somerset Maugham y Gabriel García Márquez han confeccionado sus propias versiones.

Un día, un hombre muy poderoso entró a Palacio. Se le veía pálido y temeroso. El Sultán, al verlo, le preguntó:

—¿Qué tienes? ¿Por qué tiemblas? ¿Qué te pasó?

—Me topé con la Muerte —fue la respuesta—. Y volteó a verme. No hay duda: su gesto fue amenazante. Viene por mí. Sentí su frío aliento. En su filosa guadaña se reflejaba mi cuello. ¡Y no quiero morir!

El hombre le pidió al Sultán su caballo más veloz.

—Huiré a Samarcanda —dijo—. Lo haré tan rápido que la muerte no podrá alcanzarme. Tampoco sabrá dónde estoy.

El hombre huyó a toda prisa, presa de un enorme miedo.
Al día siguiente el Sultán se topó con la Muerte.

—Ayer te encontraste con uno de mis súbditos y tu gesto
fue de amenaza —le confió.

—¿Amenaza? No era mi intención amenazarlo —respondió la Muerte—. Fue un gesto de sorpresa. Me extrañó verlo
aquí, pues esta noche tenemos una cita en Samarcanda.

*

Es la sabiduría popular: cuando te toca, te toca, ni aunque te
quites; cuando no, ni aunque te pongas o te arrimes.

*

Un día ocurrirá ese misterio: la muerte.

Qué molestia, qué desasosiego.

Borges, al cumplir cincuenta años, sabe que algún día dejará
de leer, que algún día ya no caminará por las calles, que algún
día ya no volverá a mirarse en un espejo. Sabe que hay límites
para la vida. Escribe: "La muerte me desgasta, incesante".

Estamos vivos, y sin embargo, la muerte nos recuerda que
algún día dejaremos de estarlo. Lo dice Jean de La Bruyère
con palabras exactas: "La muerte no viene más que una vez,
pero se deja sentir en todos los momentos de la vida".

La muerte está ahí, agazapada. Nos la recuerdan las funerarias y los panteones, los pésames y los velorios, también
las arrugas y las canas, los accidentes y la inseguridad social
nuestra de todos los días, la amenaza del cáncer, la sirena de
las ambulancias, la enfermedad y los hospitales.

Como afirma Milan Kundera: la muerte es "el gran problema privado" del ser humano. La muerte es la negación de lo único que tenemos: nosotros mismos. Poco o mucho, lo que somos nos pertenece. Nuestros cuerpos y nuestros sueños, nuestros éxitos y nuestros fracasos. Pero la muerte llega y nos arrebata todo.

La muerte es la pérdida del yo.

> *¿la vida, cuándo fue de veras nuestra?*
> *bien mirado no somos, nunca somos*
> *a solas sino vértigo y vacío,*
> *muecas en el espejo, horror y vómito,*
> *nunca la vida es nuestra...*

Octavio Paz

Si vivir y envejecer es una verdad desconcertante, vivir y saber que vamos a morir es una verdad inobjetable, pero también injusta. Tanta vida, ¿para qué? ¿Para que la gocen los gusanos?

*

Díselos.

Antes de que ocurra la muerte, díselo.

A tu padre, a tu madre, a tu cónyuge, a tu amante, a tus hermanos y hermanas, a tus hijos, a quien tú quieras, díselos...

Mejor ahora que puedes y te escuchan, y no cuando sea tarde, cuando te sometas a la culpa, al reproche, al remordimiento.

A lo que ya no puede ser.

Antes de eso, antes de la última despedida, diles algo muy importante y sencillo: te amo.

Díselo a los que en verdad quieres.

Recuerda que algún día no estarás o no estarán entre nosotros.

Mejor hazlo ahora que puedes, con toda la dicha y profundidad que da el amar, el compartir ese breve espacio: el de estar y sentirse vivos.

*

Pídeles perdón, también.

Por nuestras ofensas y por nuestros pecados.

O simplemente, porque la vida así se dio y no supimos cómo o en esa ocasión flaqueamos o en esa otra sucumbimos al camino equivocado, al error.

Pide perdón.

El perdón es el oasis en el desierto de nuestros rencores, el agua que apaga el malsano ardor de los espíritus, la lluvia para las cosechas malogradas, el corazón de buena fe que busca reparar los daños, el puerto en el que descansan las almas cuando se han ido.

Lo dice Laurence Sterne: solamente los espíritus valerosos saben la manera de perdonar. Un ser vil no perdona nunca, porque no está en su naturaleza.

> *El que es incapaz de perdonar*
> *es incapaz de amar.*
>
> Martin Luther King

Me gusta esta frase: "Ama, perdona y olvida; hoy te lo digo yo, mañana te lo dirá la vida".

Y esta otra, que también hago mía: "El perdón es el perfume de una flor tras ser pisada".
"Perdona y serás perdonado", se lee en la Biblia.

> *El odio no se detiene con odio. El odio se*
> *detiene con amor. Es una ley irrevocable...*
>
> Buda

Hay personas que se mueren de ganas de vivir.

> *La muerte sólo puede causar pavor*
> *a quien no sabe llenar el tiempo*
> *que le es dado para vivir.*
>
> Viktor Frankl

Recuerda: uno nunca nace completamente; uno nunca muere completamente.

Lo decía Nietzsche: "Se debe vivir de modo que se tenga, en el momento oportuno, la voluntad de morir".

*

Prepara tu propio epitafio, las palabras luminosas que adornarán tu tumba.

Sal de lo común, olvídate de la pomposidad, de la formalidad de antaño. Hazlo con humor, con ironía, con elegancia. ¡Es la frase que define tu vida, lo que fuiste! Sé tú mismo en esa frase, una carcajada, un pensamiento agudo, un consejo, un ejemplo de vida, un viví y fue duro pero conocí algunas cosas y me divertí.

Algo así como:

"Espero no haberlos aburrido", lo dijo Elvis Presley en su última conferencia de prensa.

"Discúlpenme si no me pongo de pie", el supuesto epitafio de Groucho Marx.

"Contempla con frialdad la vida, la muerte. ¡Jinete, sigue tu camino!": William Butler Yeats.

Adiós, zapatos de tacón alto.

"Esto le pasa a los chicos traviesos": Alfred Hitchcock.

Te dije "cuidado con la curva".

No sigas la luz al final del túnel.

"Nunca debí haber cambiado el whisky por el Martini": Humphrey Bogart en *Casablanca*.

Me atreví a amar.

"Viví. Amé. Escribí": Stendhal.

Fallecido por la voluntad de Dios con la ayuda de un médico imbécil.

"Así que esto es la muerte": Ludwig van Beethoven.

Ya no tengo rejas que hieran mis alas.

"La vida no vale nada": en la tumba de José Alfredo Jiménez.

Hablad bajo, no me despertéis.

Por mucho que huyas, llegarás a este mismo sitio, ya lo verás.

"Aquí yace el rey de los actores. Ahora hace el papel de muerto y lo hace muy bien": Molière.

Estoy aquí bajo protesta.

"No es que yo fuera superior, es que los demás eran inferiores": Orson Welles.

Por fin dejé de fumar.

La muerte es mi siguiente aventura.

"Si no viví más es porque no me dio tiempo": Marqués de Sade.

Lo intenté.

"Dad las gracias, mortales, al que ha existido así, y tan grandemente como adorno de la raza humana": Isaac Newton.

"Que Dios tenga piedad de este ateo": Miguel de Unamuno.

Murió vivo.

"Feo, fuerte y formal": John Wayne.

Vivir rápido, morir joven y ser un cadáver atractivo.

"Me mantuve borracho por mucho tiempo, después me morí": F. Scott Fitzgerald.

Este hombre se murió de amor.

Hoy se me acabó el mañana.

"¡Eso es todo, amigos!": Mel Blanc, la voz de Bugs Bunny.

*

Robert Emmet, un héroe irlandés, es famoso por haber estipulado, antes de ser llevado a la horca, en 1803: "Que nadie escriba mi epitafio, que nadie grabe nada en mi tumba, porque nadie verdaderamente me conoce, ni mis motivos ni mi carácter".

Tú, al igual que él, no dejes que nadie escriba tu epitafio. Escríbelo tú. Algo que te defina, algo que englobe lo que eres, lo que fuiste. Tus últimas palabras para la posteridad.

*

Las últimas palabras de Zorba, el griego, fueron:

Todo cuanto hice, no lo lamento… Muchas cosas hice en mi vida; sin embargo, no han sido bastantes. Hombres como yo debían vivir mil años. ¡Buenas noches!

Y se levantó de su lecho, caminó a la puerta para admirar "las montañas a lo lejos, abrió desmesuradamente los ojos, lanzó una carcajada, relinchó como un potro", y murió.

*

Cuentan que Rabelais dijo al morir: "Voy hacia el gran Tal Vez".

El gran acaso, esa duda máxima, esa certidumbre que nos da escalofrío o nos produce insomnio.

Acaso tú crees en la resurrección. Bien por ti. Que no te defraude la muerte. Hay quien cree lo contrario: que todo acaba aquí, que no hay más allá. Que somos polvo y en polvo nos convertiremos, que al morir, como dice Sabines, "no regresa el polvo de oro de la vida".

Lo único cierto es la vida que tenemos ahora, que es finita y perecedera, pero que es vida hasta donde ya no se pueda.

Así, sigue el consejo de Nietzsche: "Vive de modo que desees volver a vivir".

*

Dice Graham Greene: "Todos estamos resignados a la muerte: es la vida la que no se resigna".

Así que acepta tu vida y tu muerte. No hay de otra.

*

Rainer María Rilke dijo: "Señor, concede a cada cual su propia muerte".

Es un bello pensamiento. En realidad no habla de la muerte sino de la vida. La vida que quieres llevar para ser feliz antes del encuentro con la desnarigada. La pasión de ser algo o alguien previo a despedirte del mundo. Ese que eres tú entregado a lo que te gusta. Las posibilidades son muchas, igual de negativas o positivas. Tú escoges.

Lo dice Jorge Amado: "Que cada cual cuide de su entierro; el imposible no existe".

*

—¡Qué día tan horrible! —dice el hombre sano, quejándose del frío, de la incesante lluvia.

—Horrible y todo, quisiera vivir este día con toda la vida que me queda —desea el moribundo.

*

La vida es vida pero conduce a la muerte. Y si es inevitable, y si nada podemos hacer contra eso, no tendríamos que preguntarnos, como Roberto Arlt: "¿Acaso la vida no es otra cosa que la aceptación tranquila de la muerte que se viene callando?".

*

Lo dijo Anaïs Nin: "Las personas que viven profundamente no tienen miedo a la muerte".

Y también un sabio chino muchos siglos atrás: "Aprende a vivir y sabrás morir bien".

Nuestros muertos

"No fui al entierro. Porque no todos mueren", dice esa escritora triste y luminosa, Clarice Lispector.

> *Lo peor de los muertos es que dejan vivos.*

Leonardo Padura

¿Quiénes son más —preguntaban en un acertijo de la antigua Roma—, los vivos o los muertos?
Respuesta: los vivos, porque los muertos ya no son.

*

Jaime Sabines se quejaba:

> ¡Qué costumbre tan salvaje esta de enterrar a los muertos!, ¡de matarlos, de aniquilarlos, de borrarlos de la tierra! Es tratarlos alevosamente, es negarles la posibilidad de revivir.

"Qué solos se quedan los muertos", se lamentaba Gustavo Adolfo Bécquer, y sí, qué solos. Solos de su propia muerte y solos de nuestra propia vida. Los abandonamos en el cementerio porque hay que poner tierra de por medio. No podemos sucumbir a abrazarlos tan fuerte como para no abandonarlos nunca. Nuestros muertos, nuestros seres queridos. Qué dura ley de la vida. Qué injusta.

¿Por qué ellos, los nuestros? ¿Por qué no los malandrines, los corruptos, los que hacen daño? ¿Por qué la gente buena, a la que amamos?

Qué desolada y triste es la muerte, porque cuando alguien querido muere nos deja cada vez más huérfanos y nos recuerda nuestra propia mortalidad.

Por eso lloramos. Porque nos falta su luminosa presencia, su cariño, su consuelo.

Agrega Sabines: "Yo siempre estoy esperando a que los muertos se levanten, que rompan el ataúd y digan alegremente: ¿por qué lloras?".

> *No recibo cartas de los muertos, y sin embargo, cada día los quiero más.*
>
> Emily Dickinson

"Alguien que está a punto de morir no llora a los muertos", ha dicho Friedrich Dürrenmatt.

La verdad es que nacemos solos y morimos solos.

Así, hay que dejarle la muerte a los muertos o a quienes van a morir. Ya nos tocará ese momento. Mientras tanto, al igual que lo hicieron nuestros seres queridos cuando vivían, juguemos a la inmortalidad.

*

Recuerda lo que dijo Malcolm Lowry: "¿Qué es el hombre sino una minúscula alma que mantiene en su vida a un cadáver?".

La vida nos parece injusta, pero no hay engaño.

Sabemos que hay vida y muerte.

La muerte espanta, por supuesto. La muerte duele. Duele morir y duele la muerte de nuestros seres queridos.

Toda muerte que nos es cercana nos parece dolorosa. Simone de Beauvoir lo dijo muy claro:

> No hay muerte natural: nada de lo que sucede al ser humano es natural, puesto que su sola presencia pone en cuestión al mundo. La muerte es un accidente, y aun así, si los hombres la conocen y la aceptan, es de una violencia indebida.

La muerte no debería de suceder, pero sucede.
Lleva tu duelo con dignidad y respeto a tus muertos.

*

"¡Dios mío, qué solos se quedan los muertos!", repito lo que escribió Bécquer.

Qué horrible su primera noche como muertos.

Qué horrible cuando el ataúd baja a la tierra.

Qué horrible pensar en el cementerio de noche: qué solos se quedan nuestros muertos.

Si te sirve, te comparto la parte final de un poema de Manuel Acuña:

> La tumba sólo guarda un esqueleto
> mas la vida en su bóveda mortuoria
> prosigue alimentándose en secreto.
> Que al fin de esta existencia transitoria
> a la que tanto nuestro afán se adhiere,
> la materia, inmortal como la gloria,
> cambia de formas; pero nunca muere.

*

Guarda el luto necesario. Llora lo que tengas que llorar.

Tan sólo no te olvides de que tus seres queridos querrían verte alegre, no triste; que les gustabas más cuando sonreías, no cuando sufrías por algo o llorabas.

*

Vive a pesar de la muerte.

Aun así, no te ausentes mucho de tus muertos.

Dice Neruda que "hay cementerios solos, | tumbas llenas de huesos sin sonido". No los dejes tan solos. De vez en cuando visita sus tumbas, conversa con ellos. Tal vez no te escuchan, tal vez sí.

Llévales de regalo algo que les gustaba. Llévales flores o piedras. Diles que los extrañas.

No hagas dramas, no te tires a la tumba.

Pero, si en verdad los quisiste, hónralos de vez en vez con tu presencia.

> *No hay que dejar de querer a una persona sólo porque se ha muerto. Sobre todo si era cien veces mejor que los que siguen viviendo.*
>
> J. D. Salinger

Simone de Beauvoir escribió un libro, *Una muerte muy dulce,* donde narra la agonía y fallecimiento de su madre.

Es un libro inteligente, escrito con dureza y amor. Un libro verdadero.

Madre e hija se enfrentan. Una, es una ferviente católica; la otra no cree en Dios. Una está a punto de morir, la otra la sobrevivirá. Una se ha dejado llevar desde siempre, por lo que ordena la sociedad y sus valores establecidos; la otra es una rebelde, una mujer adelantada a su tiempo. Las dos se aman. Son distintas pero la agonía las une. Las dos se despiden una de la otra.

La Beauvoir registra los últimos días de su madre, sus dudas y dolores, sus certidumbres y sus miedos:

> Mi madre alentaba al optimismo cuando, impedida y moribunda, ella afirmaba el precio infinito de cada instante; asimismo, su vano encarnizamiento desgarraba el velo tranquilizador de su superficialidad cotidiana.

Es un libro sincero, un homenaje a la vida que se enfrenta a la vida que se acaba.

"Mamá amaba la vida tanto como yo, y, ante la muerte, experimentaba mi misma rebeldía". Su madre se aferraba a la vida. Aún moribunda, quería vivir:

> Lo que más nos agotaba eran las agonías de mamá, sus resurrecciones y nuestra propia contradicción. En esa carrera entre el sufrimiento y la muerte deseábamos ardientemente que ésta llegara primero.

La madre muere de manera apacible, "bella como un rostro de Leonardo da Vinci". Se había refugiado en la religión, para encontrar consuelo. Aun así, lúcida, dudaba si en verdad habría algo más allá o la muerte terminaría con todo. Mientras tanto, Simone de Beauvoir, agobiada por la agonía de su madre, piensa en su propia mortalidad. Algunos de sus lectores la tratan de confortar: "Tal vez usted muera, pero su obra perdurará para siempre".

Ella se sonríe, amarga, y llega a una triste conclusión: "La inmortalidad, no importa si la imaginamos celestial o terrenal, es incapaz de consolarnos de la muerte, cuando se ama tanto la vida".

*

Lo dije en otra parte: la muerte se equivoca y se lleva a los que amamos.

*

Mi madre murió de cáncer.

Un día, poco antes de su muerte, se despertó gritando porque se encontró sola en su recámara. Ese recuerdo lo tengo muy grabado, porque al ir a su encuentro y abrazarla, lloró. Se veía frágil, desamparada, mi mamá, que siempre se mantuvo tan entera, tan fuerte. Por supuesto, temía a la muerte. O mejor: temía dejar la vida, lo que amaba, es decir a su esposo, a sus hijos, a sus nietos, a ella misma, a su casa.

Sabía que iba a morir.

A ratos, en su rostro, se dibujaba la tristeza. En ocasiones, una incertidumbre.

Entre el inmenso dolor físico en el vientre y las inyecciones cotidianas para aplacarlo, había en ella un callado dejo de incómoda afrenta, como si se tratara de un injusto agravio por lo que pasaba.

La mayor parte del tiempo, sin embargo, sonreía.

Mi madre era toda ternura, bondad, y esa sonrisa.

No era una sonrisa amarga.

Vivió sonriendo y pasó sus últimos días sonriendo.

No hay foto en que no sonría. No hay memoria alguna en que no la contemple con esa sonrisa. Sonreír, para mí, es sinónimo de madre.

La vida no fue del todo buena con ella pero hizo todo lo que estuvo a su alcance por salir adelante, por ser feliz, por tener motivos para sonreír.

—¡Échale ganas! —me decía.

—¡Ánimo! —me decía.

Lo siguió diciendo incluso en su lecho de agonía. Fue muy valiente.

A pesar del dolor, mientras tuvo fuerzas para hacerlo, dejó todo preparado para su muerte. Ella misma pagó su funeral.

La burocracia entera del morir la resolvió desde antes para que, llegado el momento, nosotros, su esposo y sus hijos, aquellos a los que amó, a los que entregó su vida, no nos entretuviéramos en engorrosos trámites y en crecientes gastos.

La admiro por eso, por vivir con arrojo su vida y por prepararse lo mejor posible ante la inminente muerte.

Se mostró decidida y valerosa.

Nos dio ahí otra lección de vida. La última.

Ánimo, nos alentaba.

Sonríe, nos pedía.

*

Ojalá y yo sea así.

Que, llegado ese momento, le haya heredado ese mismo valor, ese mismo ánimo, ese mismo poder de enfrentarme con entereza al último suspiro, al fin de los misterios.

*

Tengo una prueba irrefutable de la no existencia del más allá: mi madre nos quería tanto que hubiera regresado al más acá a conversar con nosotros, a mimarnos, a protegernos, a no sentirnos tan vacíos por no tenerla, tan solos, tan desamparados...

*

Por eso, porque no hay más allá.

Porque no tengo pruebas contundentes de que haya una vida después de la muerte, me dedico a vivir, a gozar mi breve paso por el mundo.

Sonrío. Tal vez no soy del todo feliz, pero sí alegre.

*

Dice Susanna Tamaro: "Los muertos no pesan tanto por su ausencia sino por lo que no dijeron antes de morirse".

Que no te quedes con esta pesada losa de silencio.

Con los muertos se puede conversar. Pero no responden. Ni verdaderamente hablan, por más que intente escucharlos la culpa o el corazón.

Por eso, conversa con tus vivos. Conócelos, interésate en ellos, mímalos, hazles la vida cómoda, acércate a sus pensares y sentires, comprende sus pesares y trata si puedes de mitigarlos.

Sentirás dolor ante su partida. Pero conversarás más en paz con ellos cuando se hayan ido.

*

La muerte es dolorosa.

Nos duele la muerte de los otros, a quienes queremos, porque nos arrebatan el refugio que teníamos en sus brazos o en sus palabras, la alegría que nos brindaba su presencia o su risa, el amor que nos prodigaban.

Nos sentimos desamparados, porque ya no están.

¿A quién acudir en busca de consejo, de consuelo o ayuda, ante nuestros problemas, si la muerte se los ha llevado y nos han dejado solos?

Nos sentimos huérfanos.

Ya lo dice Irvin D. Yalom: "Cuando nos quedamos huérfanos, ya no hay nadie entre nosotros y la tumba".

*

Los velorios, ay, los velorios.

Una vez asistí a uno. No fue en una agencia funeraria. No estaba el triste ataúd rodeado de cuatro mortecinos cirios.

No había plañideras ni llanto verdadero.

Había chocar de copas y brindis por el recién fallecido.

Fue en una cantina.

El muerto era un escritor y actor de renombre. Su última voluntad había sido que lo velaran donde había alegría, no tristeza. Sus amigos y familiares brindaban en su memoria, los meseros repartían tragos, había botellas, no flores.

Su hijo, copa en mano, dijo algunas palabras, todas ellas elocuentes y emocionadas.

Algo recuerdo de lo que dijo. Algo que quiero compartir contigo. Es un bonito consuelo. Algo que acaso también digamos algún día (o algo que en nuestra memoria alguien nos diga):

—Hombres como él no se entierran, se siembran...

*

El problema de la muerte siempre ha sido un problema de los vivos.

Y es que, como alguna vez escribió Carlos Fuentes, "el muerto no sabe lo que es la muerte, pero los vivos tampoco".

Y hay de vivos a vivos y de muertos a muertos.

No todos son tan queridos, por el mal que causaron. Algunos, incluso de muertos siguen dando lata. Las heridas que produjeron no cierran, son fantasmas de nuestra angustia y sufrimiento.

Si te hicieron daño y murieron, no los revivas a cada rato. Déjalos ir, libérate de ellos.

La reencarnación para el dolor debería ser prohibida.

Son palabras duras, pero mejor alégrate. El muerto al pozo y tú, por fin, a sentirte libre de maltratos.

*

Recuerda estos versos, que son de Jaime Sabines: "Es que yo he visto muertos, y sólo los muertos son la muerte, y eso, de veras, ya no importa".

Y sigue este consejo de Armando González Torres: "Despoja al muerto de todo lo que amábamos de él y entiérralo con todo lo que detestábamos".

Los hijos

En un capítulo de *Esposas desesperadas*, la narradora —quien está muerta: se ha colgado, decepcionada del mundo—, dice: "En ocasiones, las madres pensamos que los hijos son un regalo del cielo. En otras, no nos gusta el regalo y quisiéramos devolverlo".

*

Hay tres grandes tiranías:
   El trabajo.
   El matrimonio.
   Los hijos.

*

"Los hijos nos ven como somos y nosotros como quisiéramos ser", dice una canción de Carly Simon.

Los hijos son contundentes, implacables en sus juicios. De entre las grandes tiranías —entre ellas también nuestros propios demonios— la de los hijos no es menos atroz. Por supuesto, la disfrazamos.

"Una casa sin hijos es una colmena sin abejas", diría Víctor Hugo.

La familia como el estado ideal. La búsqueda inercial de la perpetuación de la especie. El embarazo como prueba de que el amor no se depositó en una nuez vana. El parto como suma de toda la maravilla de la maternidad. Los vástagos como fuente inagotable de alegría. ¿Es cierto todo esto?

*

Pongamos algunas cosas en claro: ya somos muchos en el planeta y abstenernos de traer uno o más hijos al mundo no nos pone en peligro de extinción, como a los pandas o al rinoceronte blanco.

El embarazo es mayormente náusea, dolor de columna y una que otra patadita que nos alegra. El parto es dolor, pujidos, agotamiento, mucha sangre y maldiciones, atenuadas a fuerza de psicoprofilácticos o epidurales. El nacimiento es traer al mundo a alguien que no lo pidió.

Una vez, una madre que recién había dado a luz, se quejó: "¿Quién dijo que parir es lo más maravilloso del mundo?". ¿Es una villana, una mala madre por reconocerlo?

No. Es una mujer que dice la verdad.

*

La verdad tiene muchas aristas.

"La sonrisa de un hijo es como un paraíso anticipado", es cierto. Son lo más maravilloso que nos puede suceder, también. "Son un regalo de Dios", como algunos y algunas dicen. Concedido. Pero también está la otra verdad. La digo con palabras de escritores.

Primero, Tolstoi: "Los hijos son tormento y no otra cosa".

Y luego, Clarice Lispector: "Los hijos dan mucha alegría. Pero también tengo dolores de parto todos los días".

*

Abandona las máscaras, los discursos solemnes del día de las madres.

No seas una madre abnegada, no perpetúes el estereotipo y el melodrama. Sé una madre real, centrada en su ser mujer, realista en su ser lo mejor que puede dar a sus hijos.

*

No digas: "Yo, que te di la vida"; "Yo, que te parí con dolor".

Eso es chantaje emocional, parte del melodrama en que nos ha sumergido el melodrama nacional.

Eso déjaselo a Libertad Lamarque en las películas a blanco y negro, o a Ana Martín o Carmen Salinas en las telenovelas.

No chantajees, mejor ama.

Dales a tus hijos un compromiso con tu amor, no con tus chantajes.

Con amor los harás libres, fuertes, agradecidos; con chantajes les darás culpas, responsabilidades no pedidas, estar contigo a fuerza. Y estarán con una sufrida madre de telenovela, no con su verdadera e inteligente madre.

*

Es cierto, no hay escuela que nos enseñe a ser padres.

Y, sobre todo, tener hijos no nos hace padres, del mismo modo que tener un piano no nos hace pianistas. Pero eso no obsta para algo esencial: aunque no sepamos exactamente cómo, tratemos de ser lo mejor para nuestros hijos.

Lo dice Nietzsche: "Mucho tienen que hacer los padres para compensar el hecho de tener hijos".

De nosotros depende su bienestar.

Si como padres somos unos desgraciados, seguramente les heredaremos desgracias.

Los hijos son los padres del hombre o la mujer.

Lo que haces a tus hijos hoy es lo que tus hijos harán mañana.

No les impongas golpes, maltratos, vejaciones, cargas que sólo a ti corresponden. Deja que vivan su niñez en paz, con amor y sintiéndose cobijados y respetados por ti.

Tal vez no tuviste los mejores padres, pero tus hijos no tienen la culpa.

*

No traigas hijos al mundo nada más porque sí.

No traigas hijos al mundo nada más por calentura.

No traigas hijos al mundo porque tu religión te lo exige.

No traigas hijos al mundo por deporte o para perpetuar la especie.

No traigas hijos al mundo para mantenerte cómoda en una relación incómoda.

No traigas hijos al mundo porque no supiste cerrar las piernas o dejar cerrada la bragueta.

No traigas hijos al mundo si no los vas a cuidar, amar, educar. Olvídate de lo peor que eres y dales lo mejor que tú eres.

> *Los que no tienen hijos se olvidan de muchos placeres pero se ahorran muchos dolores.*
>
> Honoré de Balzac

En una de sus novelas, el japonés Yasunari Kawabata escribe este diálogo:

—Si no te casas, las dos estaremos entre los muertos no llorados.

—No sé qué significa eso.

—Son los muertos que no dejan descendientes que los lloren...

Es un pensamiento parecido al de una escritora un poco olvidada, Françoise Sagan: "En un cierto momento de la vida se desea un hijo. Quizá, para morir un poco menos cuando se muere".

Ten hijos por una razón, la que quieras. También toma en cuenta que está la otra posibilidad, la de no tenerlos, que es muy válida y moderna. Pero, si los tienes, que esa razón de tenerlos te sea suficiente y duradera para darles lo mejor que tienes.

*

Sé, como hombre, un padre inteligente y justo.

No te olvides de crecer junto con tus hijos.

Ser padre no es fácil, pero esto no te exime de tu responsabilidad para quien por amor o descuido trajiste al mundo.

Abandona las nalgadas, la violencia machín, la iracundia verbal, el cinturonazo que deja huella, los continuos reproches, las burlas que lo minimizan todo.

Si a ti te trataron así, lo siento.

Hoy es otra época. Pedía Rimbaud: "Hay que ser moderno". Moderno en la vida y el pensamiento, moderno en la paternidad. No te quedes con los métodos de antes; o sí, pero sólo aquellos que procuraban el bienestar de tus hijos.

La violencia o el abuso no son pedagógicos. Ni amorosos.

Reprende cuando haya que reprender, y hazlo con la

prestancia de quien busca enderezar caminos, pero también con sabiduría.

Sé inteligente, más que violento. Amoroso, más que duro y regañón.

Enséñales del bien y del mal, enséñales a ser libres pero con responsabilidad, enséñales a no bulear y a no dejarse bulear, enséñales respeto, enséñales que la educación no sólo está en la escuela sino en casa.

Protégelos, y al hacerlo, ríe con ellos, juega con ellos, conversa con ellos, escúchalos y entiéndelos. No los abandones.

Ésa debería ser la primera regla de la paternidad: no los abandones.

*

Una vez escuché a una madre reprender a su hijo. Adoptó la actitud melodramática. Tras el regaño, vino el reproche extremo:

—¡Yo, que te di la vida!

Era una mujer inteligente. Aun así, lo decía.

El padre, que también era inteligente, escuchó e intervino:

—Le dimos la vida, sí, pero él no lo pidió… —dijo.

*

Llama a tu único hijo o a cada hijo que hayas parido o repartido sobre la faz de la tierra —este valle de lágrimas, le llaman algunos—, y dile:

Perdóname por haberte traído al mundo.

Perdóname por no haberte pedido permiso.

Perdóname por los miedos, la pena, la culpa, el trabajo, los sinsabores, el absurdo, la angustia, que te causa estar vivo.

Perdóname por tus noches de insomnio, cuando no sabes qué hacer ante la vida que nos gana, que nos engulle, que nos desaparece.

Perdóname por el mal que te causé, cualquiera que haya sido.

Perdóname por la ira, la indiferencia, la flojera, la nalgada, por mis defectos, por mis dudas, por mis gritos, por las carencias que sufriste, por mis ausencias, por mis no saber y, sobre todo, por no haber sido más para ti.

Perdóname por haberte hecho nacer, por haberte arrojado a la vida y, por lo mismo, por condenarte a morir.

Perdóname porque algún día formarás parte de la nada.

Perdóname.

Hazlo en silencio, si quieres, pero hazlo.

*

También dile:

—Hijo mío, hija mía, es un honor compartir mi trozo de vida, mi breve paso por el mundo, lo fugaz de la sangre que me recorre, contigo.

Y en otros momentos:

—Si me perdonas, hazme un favor: vive tu vida como mejor puedas y disponte a desaparecer en paz algún día.

—Sé tú mismo: ese ser único e irrepetible, esa madera a la deriva, esa sonrisa que me recompensa, esa pasión inútil que baila y canta, que sabe que la vida es corta pero no importa, ese *carpe diem* y *carpe noctem*, ese vivir tu instante a plenitud como si fuera el último.

—Me alegra que hayas sido tú, entre todos los azares y coincidencias, entre todos los accidentes y milagros del universo, al que nombre hijo, hija, carne de mi carne, amor de mi amor, abrazo de mi abrazo, vida de mi vida.

Pídele también, si repite la hazaña de la descendencia, del olor tierno a bebé, de los juguetes de niño, de los amores adolescentes, de las tiranías de adulto, que le diga uno a uno a sus vástagos:

—Perdóname por haberte traído al mundo y por condenarte a morir.

Y tras decirlo, dedícate a protegerlos y a amarlos, a llevarlos por el camino menos duro de la vida.

*

—Perdóname, hijo, hija —dile.

Pero también, con lágrimas en los ojos, pero no de tristeza sino de regocijo, con un temblor verdadero, con tu amor inmenso de padre y de madre:

—Celebro que existas. Es un honor compartir el breve paso, lo fugaz y frágil de mi existencia, contigo.

*

Escribe Grace Paley en uno de sus cuentos: "Los hijos son siempre así. Primero están siempre de mal humor. Y luego se largan".

Así es. Acostúmbrate a esta gran verdad. Los hijos son unos ávidos e incansables tiranos, piden y piden, necesitan y necesitan, y no siempre te agradecerán o reconocerán tus desvelos o esfuerzos.

Te criticarán o descalificarán unas veces y otras te exigirán dinero o presencia a raudales. Pocas veces se detendrán a preguntarte si estás bien. Pocas veces recordarán las veces que te partiste el lomo para darles lo mejor que podías.

Y los hijos se van. Los hijos están prestados. Los hijos

tienen su propio destino, y qué bueno que lo tengan, sólo que tal vez te excluyan o te mantengan a distancia.

Está bien, así es la vida.

Acostúmbrate a la idea del nido vacío, a la casa sin pleitos entre hermanos, a que las pelotas dejen de rebotar en sus paredes o a que los anaqueles estén vacíos de peluches o muñecas.

Pero, aun cuando sean unos tiranos, aun cuando se vayan, ahí debes de estar. Ser padres no termina nunca, ni cuando los hijos hacen su propia vida. Ahí debe estar uno, apoyándolos. Ahí debe estar uno, recordando sus risas, su ternura, lo mucho que también han alegrado nuestra vida, para alentar nuestro ser amoroso y protector de padres.

*

Sucede que a ratos, por error u omisión, o incluso tras haber sido o tratado de ser los mejores padres sobre la tierra, las cosas salen mal.

Los hijos tienen su propio destino y en ocasiones el camino se tuerce.

Nosotros los torcemos o ellos mismos se tuercen. Toman el rumbo fácil o equivocado. Y, ya se sabe, el camino fácil es el más difícil.

En el mundo hay drogas, crimen, portentos del mal.

Llegado ese momento, ¿qué hacer?

Agota lo posible, ayuda y contribuye a su regreso a la salud, a caminar derecho, a lavarse las manchas de deshonor o de sangre.

Tú decides hasta cuándo o cuánto, pero agota las posibilidades de salvación o redención. Son tus hijos.

> *No puedes salvar a las personas,*
> *sólo puedes amarlas.*

Anaïs Nin

Si los hijos se convierten en reproche, si se dirigen a ti con palabras duras.

Si te defiendes: hice lo mejor que pude, y aun así te culpan, te maldicen, te agravian, te odian.

Si en verdad diste lo mejor de ti para criarlos, y no hay perdón, sólo bilis derramada, traumas eternos sin sanar, desprecios de glaciar acompañados de silencios o de estridentes furias, reproches más duros que una filosa daga, álzate de hombros.

Exprésales la sabiduría de Samuel Beckett: "Hijo, hija, disculpa: imaginamos que serías diferente".

*

Dale a tus hijos armas para afrontar la vida.

No les resuelvas todo, enséñales a luchar, a valerse por sí mismos. No los hagas vivir en una cómoda y efímera utopía sino en la dura realidad que habrá de tocarles. Lo que has aprendido de vivir, comunícaselos, ahórrales frentazos pero entiende que ellos mismos tendrán que darse sus propios frentazos. Enséñales a ganarse la vida de una manera honrada. Enséñales que trabajar ennoblece. Y, aunque no lo hiciera, es la única manera de sobrevivir.

Dile, como el personaje de Roberto Arlt en alguna de sus novelas: "Y así es la vida, y cuando yo sea grande y tenga un hijo, le diré: 'Tenés que trabajar. Yo no te puedo mantener'. Así es la vida".

*

Hay en los hijos un atisbo del pasado y del futuro.
Son lo que hemos sido, serán lo que ya no seremos.
Los hijos son la única inmortalidad que se nos permite.

*

La inmortalidad.

Ahí están los nietos. Reconoces en ellos los ojos de tu madre, cierto gesto al sonreír de tu padre, un desconcierto que es tuyo, la vida que continúa a pesar de todo.

Una vez escuché: los nietos son la recompensa por no haber matado a tus hijos.

Se dice que "ser abuelo es la forma perfecta de ser padre". Es una reflexión de Armando Fuentes Aguirre, quien agrega: "si yo hubiera sabido antes lo que es ser abuelo, habría tenido primero a mis nietos, y luego a mis hijos".

Toda la vida

También está permitido llorar. ¿Acaso la vida es una fiesta permanente?, parafraseando a Alejandro Rossi. En la vida hay tragedias y dramas. Es un valle de lágrimas, como dicta el lugar común. Lloramos por muchos motivos. El principal, porque la vida nos excede. No la entendemos o no podemos con ella.

Debemos ser fuertes, nos dicen. Lloran los débiles. Son los que se dan por vencidos. No es cierto. Somos frágiles y vulnerables, pero nos hacen creer que somos de acero. Debemos resistir. ¿En verdad tienen que decírnoslo? La vida, desde que nacemos, es un acto de resistencia. A las enfermedades y al tener que ganarse la vida, al fracaso y al abismo, a las horas que pasan y al miedo a la tumba.

Lo escribió Rafael Ramírez Heredia en alguno de sus libros: "La vida es breve y cabrona". ¿Entonces, por qué no quitarnos nuestras máscaras de dureza y llorar?

Llorar sirve. Derrumbarnos, no. Derrúmbate cuando ya no haya de otra, cuando todo por lo que luchabas carezca de sentido.

Ojalá y nunca llegues a eso.

Llora, simplemente, porque es un alto en el camino. Que la tristeza salga, la impotencia, la frustración, la inutilidad de todo. Que tus lágrimas laven la larga noche y sus incertidumbres.

Llora, porque a ratos tienes la impresión, como Samuel Beckett, "de que dentro de mí había un ser asesinado... Tenía que encontrar ese ser, intentar devolverlo a la vida".

Llora, porque hace bien. Hazlo en público o en privado, no

temas al qué dirán o a la vergüenza. No te desprecies por llorar.

Llora, porque a lo mejor no entiendes la vida y todo te parece un sinsentido. Llora, pero siéntete privilegiado. Lo dijo Cioran: "Sólo es subversivo el espíritu que pone en tela de juicio la obligación de existir; todos los otros, empezando por el anarquista, pactan con el orden establecido". Hay muchos que existen, no viven, y nunca se cuestionan su presencia en el mundo porque se aterran de tan sólo pensarlo. Si tú te has atrevido a cuestionar el sentido de ti mismo y del universo, considéralo un honor. Cuestiónate la vida, el mundo, y toma tus decisiones.

Llora porque la vida se interpone con sus leyes del mercado, con el desempleo, la carestía y la ineptitud de nuestros gobernantes. Llora, permítetelo, por la cartera vacía o tus hijos con hambre. O porque te dicen que no sirves, ya sea por tu edad, tu color de piel, tu código postal, tu inclinación sexual, tu aspecto o tus creencias. Llora porque les resultas invisible.

Llora, porque la muerte se lleva a los que amamos y hay momentos en que el recuerdo de su risa, de sus guisos o de su aroma no nos bastan. Extrañamos su bienhechora presencia, ¿por qué no habríamos de llorar por nuestros muertos?

Llora, pero hazlo una noche interminable, una tarde triste, una semana donde todo parece oscuro y sin sustancia. Y, entonces, enjúgate las lágrimas, sórbete los mocos, di "ya basta" y vuelve a la lucha.

"Gasta tus años componiendo este rompecabezas sin sentido", diría Rosario Castellanos, porque, con todo y que no tiene sentido, es el único rompecabezas que conocemos y que nos pertenece.

Que llorar te sirva para limpiar el alma, para pulirla.

Escucha estas palabras de Imre Kertész:

El ser humano no nace para desaparecer en la historia como pieza desechable, sino para comprender su destino, para arrostrar su mortalidad y —ahora escucharán de mí un concepto verdaderamente anticuado— para salvar su alma.

Sálvala llorando, y tras llorar un rato, sálvala en la batalla cotidiana. Di, como Simone de Beauvoir: "Quiero toda la vida". Y, para quererla, está el llanto, sí, pero también la esperanza y certidumbre de sus goces, esa sonrisa de a de veras, cuando todo parece más claro, después de habernos derrumbado un poco y de haber llorado mucho.

UNA RAZÓN DE VIDA, UNA FELICIDAD FURIOSA

Mi fuerza es no haberle
encontrado respuesta a nada.

E. M. CIORAN

La pequeña vida

La vida no es como queremos que sea, pero es.

*

La vida es a pesar de nosotros mismos, de nuestras ilusiones o de nuestros sueños. Nuestra vida, nuestra pequeña vida, se enfrenta a un mundo ya hecho, donde todo parece estar en su sitio, menos nosotros. Como lo escribió Philip K. Dick: "La realidad es aquello que, cuando dejas de creer en ella, no desaparece".

La vida no es siempre lo que anhelamos porque no nos esforzamos lo suficiente, porque nadie nos enseñó cómo, porque avanza a distinto paso, porque se nos carga la mano o porque el destino, simplemente, no quiso.

¿No sientes que la fortuna favorece a los otros y no a ti?

Es verdad que la suerte de la fea la bonita la desea y que siempre es más verde el jardín del vecino. Aunque te resistas a admitirlo: la sabiduría popular es proverbial, no miente.

Nos alientan a triunfar, a tomar la vida por los cuernos, a ser arquitectos de nuestro propio destino, a ser famosos, a tener mucho dinero. ¿Y qué si eso se nos niega? ¿Valemos menos, desperdiciamos horriblemente nuestras vidas?

*

A ratos nos invade ese pensamiento, que también tuvo la escritora brasileña Clarice Lispector, el de no haber sabido "apoderarnos de la única cosa completa que nos es dada en el nacimiento: el genio de la vida".

Al nacer se nos abre un abanico inmenso de posibilidades. Podemos ser lo que nuestros sueños o ambiciones quieran, se nos dice. No es más que otro cuento de hadas. La verdad es que podemos poner lo mejor de nuestra parte, pero en la vida también existen los errores, los caminos mal tomados, el golpe de suerte que nunca llegó, las oportunidades perdidas, los matrimonios mal avenidos, las muertes inesperadas, los accidentes, las borracheras que terminan mal, las injurias, los malos padres que somos o los que nos tocaron, los hijos que no salieron como quisimos, las fortunas dilapidadas o las pobrezas extremas, el desempleo y los despidos injustificados.

La vida, por más que se planee, no siempre sale como uno quiere.

*

Por eso le llamo "la pequeña vida", nuestra pequeña vida.

No hay nada despectivo en esto. Al contrario, nos ayuda a situarnos, a meditar y comprender lo que en realidad somos.

La verdad es ésta: somos echados a la vida, y aunque se nos exige dominarla, en realidad no sabemos cómo. Es como si de repente alguien nos diera un piano y, aunque supiera que no tocamos nada de música, nos exigiera interpretar una obra maestra.

Así es la vida.

La vida no admite borradores —insisto—, así que debemos marchar por ella a tientas, por ensayo y error, regándola a ratos, desperdiciándola y malgastándola en otras ocasiones, viviéndola como mejor podamos.

Como escribe Philip Roth en alguna de sus novelas: "Así sabemos que estamos vivos, porque nos equivocamos".

*

Además, es pequeña nuestra vida porque somos frágiles y vulnerables.

Es cierto, podemos ser tan fuertes como una muralla. Pero, una vez que nacemos y nos mantenemos vivos, estamos expuestos a los vaivenes y caprichos del destino, a sus vueltas inesperadas, a sus injusticias e infortunios.

No importa qué tan fuertes o preparados estemos, los accidentes ocurren, las enfermedades, los golpes de la vida, la súbita muerte.

Es pequeña nuestra vida porque nos queda grande la vida, esa vida con mayúsculas, no la de las esperadas alegrías sino la que más tememos y nos duele: la del posible infortunio, la de la desdicha.

*

Es pequeña nuestra vida porque el universo es inmenso.

Comparados con esa inmensidad, nuestro ser es minúsculo, acaso inútil en la mecánica del cosmos.

No importamos en ese juego inexplicable de materia oscura, ondas gravitacionales, espacio tiempo, Big Bang, teoría de cuerdas y agujeros negros.

Es cierto que estamos hechos del mismo material que las estrellas. Y es lindo ese pensamiento.

Emerson dice: "El ser humano es un pedazo del universo hecho vida".

Sí, mas no basta para disfrazar nuestra pequeñez ante eso que nos rodea, ese tanto todo y tanta nada que nos sobrecoge.

*

Dice el escritor canadiense Yann Martel: "Es inevitable que confunda mi vida con la del universo. La vida es una mirilla, un mero agujerito que da a una inmensidad".

Esa inmensidad maravilla, pero también asusta.

Y asusta su aparente sinsentido.

*

Tanto todo y tanta nada, ¿para qué?

Hay un misterio en el cosmos que nos desasosiega. ¿Cómo se formó este universo, qué era lo que había antes del Big Bang? ¿Dónde se sostiene y cabe todo el espacio y la materia y antimateria que nos rodea? Si el universo es curvo, ¿dónde acaba, si es que acaba?

Además, todo se transforma. Las estrellas, al igual que nosotros, nacen y mueren, incluso ellas, tan grandes, tan imponentes.

Qué inútil destino: existir y luego perecer. ¿Por qué?

Eso nos empequeñece aún más.

Nuestra pequeña vida, ¿qué puede hacer ante la inmensidad del universo y ante la inevitabilidad de la muerte?

Todo adquiere una dimensión absurda.

Entonces, llega una amarga sabiduría: "Había aprendido la peor de las lecciones que puede dar la vida: la de que carece de sentido", como escribe Philip Roth en una de sus novelas.

*

Es pequeña nuestra vida y se enfrenta al sinsentido, a los vaivenes de la dura realidad, a la seguridad de la muerte.

"¿Qué hago? No soporto vivir. La vida es tan corta, y no soporto vivir", dice un personaje de esa maravillosa escritora, Clarice Lispector. "¿Todas las vidas habrán sido así?", también se pregunta. Entonces, alguien le responde: "Creo que sí".

*

Como es pequeña nuestra vida y nos movemos en espacios muy reducidos, aquellos de nuestros pensamientos y actividades de sobrevivencia, no nos detenemos a pensar que, acaso desde el primer hombre o mujer sobre la tierra, desde nuestros lejanos ancestros, los homínidos, la Humanidad es la misma en esencia.

No hemos dejado de experimentar miedo desde entonces, miedo de lo que escapa a nuestra comprensión y a lo que nos puede dañar, miedo a esa realidad que a ratos nos afrenta y nos sitúa. Todos los seres humanos nos hemos hecho, en mayor o menor medida, esas preguntas, que son interrogantes mayores: ¿Quiénes somos?, ¿de dónde venimos?, ¿adónde vamos? ¿Cuál es el sentido de la vida, si lo tiene?

Y he ahí que miles de millones de hombres y mujeres antes que nosotros se han formulado esas preguntas y la gran mayoría ha optado por la única opción: vivir.

Vivir su pequeña vida.

Vivirla hasta que ya no se pueda.

*

La vida busca la vida.

La vida es tal vez sinsentido, y muchas veces infortunada, miserable, pero nos gusta. Luchamos por permanecer vivos.

Nos acicalamos para enfrentar la vida. Dura y todo, la vivimos.

Lo dice el poeta César Vallejo: "Hoy me gusta la vida mucho menos,/ pero siempre me gusta vivir...".

*

No hay de otra.

Hay que vivir la pequeña vida, la frágil, la vulnerable, la vapuleada, la mortal vida.

No sabemos por qué, para qué, pero aquí estamos.

Vivos.

"No haremos obra perdurable, no tenemos de la mosca la voluntad tenaz", como bien lo comprendió Renato Leduc. Tal vez nunca ganemos un Óscar o el Premio Nobel. Tal vez nunca habrá calles con nuestro nombre. Tal vez nadie encuentre atractiva nuestra pequeña vida para filmar una película o hacer un libro que se convierta en *best-seller*. Tal vez nunca seremos noticia de primera plana ni estaremos entre los más ricos del mundo.

Tal vez. Pero somos.

Nos enfrentamos diario a la vida misma, con todas sus injusticias, durezas y complejidades.

Llevamos en nuestro cuerpo y en nuestra alma la herida de la mortalidad, pero también en nuestro corazón la sensación de que somos eternos.

La vida nos llama. La vida nos manda vivir. Vive.

Las preguntas siguen ahí. Ray Bradbury formula estas interrogantes en una sola, que vale la pena recordar: "¿Para qué vivir? La respuesta era la vida misma. La vida era la propagación de más vida, y vivir la mejor vida posible".

Eso es. Aunque tengamos una pequeña vida, vivir la mejor vida posible...

> *Delante de nosotros hay mil vidas distintas que podríamos vivir, pero cuando llegue, sólo será una.*
>
> John Steinbeck

Sé auténtico, sé tú mismo.

Es difícil vivir, pero qué tal si te sitúas en lo que eres, en tu realidad. No quieras ser otros. Óscar Wilde sabía un secreto al respecto: "las demás vidas ya están ocupadas".

Es cierto, es difícil ser uno mismo. Por eso nos gusta tanto el cine, el teatro, la televisión y la literatura. Porque nos permiten, mientras dure la función o las páginas del libro, ser el héroe o la heroína que ansiamos. Sabemos de nuestra pequeña vida y queremos vivir la gran vida. Está bien anhelar o imaginar otra vida para nosotros, porque eso nos da esperanza, posibilidades de progreso. Recuerda que, a final de cuentas, hay que vivir la mejor vida posible.

Pero no te pierdas de tus presentes en aras de un pasado que ya no es o de un futuro que quién sabe.

La vida es una sucesión de presentes. El existir es un presente continuo.

Aprende a vivir ese presente con sueños pero sin falsas expectativas.

Eres lo que eres, y ya.

Acepta tu vida. Dale un sentido, pero un sentido real.

Empieza por decir, como Henry Miller: "Hay que darle un sentido a la vida por el hecho mismo de que la vida carece de sentido".

Y después acepta ese otro sentido, el de la pequeña vida que nos ha tocado, el de la vida aquí y ahora, el de la vida alejada de los reflectores y las grandes proezas, el de la única vida, la que es entre los asombros y los misterios, la que es a pesar de que no entendamos cómo o para qué.

Lo comprendió Jaime Sabines al decir:

Uno apenas es una cosa cierta
que se deja vivir, morir apenas,
y olvida cada instante, de tal modo
que cada instante, nuevo, lo sorprenda.

Y Clarice Lispector, al recomendar situarnos en ese "destino simplemente humano, que se hace con lucha y sufrimiento y perplejidad y alegrías menores".

Carpe diem

"Aquí vivimos y de aquí seremos o no seremos nada", escribió Alejandro Rossi.

Éste es nuestro tiempo y nuestro momento. No tenemos otro, a no ser que creas en cuentos de hadas. Es el aquí y ahora. No hay más.

Es tu vida y no de otra de la que estamos hablando.

Tu vida.

La única que tienes.

*

Aprovecha tu tiempo.

Aprovecha tu día. Aprovecha tu noche.

Aprovecha tus segundos y minutos de vida.

Los antiguos mexicanos lo sabían: "Aquí nadie vivirá para siempre", en voz de Nezahualcóyotl.

Antes de que la muerte ocurra, hay que aprovechar nuestro tiempo de vida. Hay que vivir.

*

¿Vivir al máximo?

Yo no te diré eso. No te diré vive al tope, vive al extremo. Son frases hechas, lugares comunes de una falsa sabiduría.

¿Qué es vivir al máximo?

¿Hacer el amor a todas las mujeres o a todos los hombres? ¿Escalar las montañas más altas? ¿Dar de saltos en la luna? ¿Viajar todos los días a lugares exóticos? ¿Lanzarse en paracaídas desde veinte rascacielos? ¿Conocer todas las alegrías y todas las tristezas?

No te diré vive al máximo. Diré: vive lo mejor que puedas.

Vive la mejor vida posible, la que te permita tu entorno, tu bolsillo, tus temores, tus ambiciones, tus sueños.

*

Trabaja duro, esfuérzate.

La vida es trabajo. No lo digo yo, así es. Si quieres comer, debes trabajar. Si quieres una casa, igual.

Trabaja, pero no te olvides de vivir.

*

Aprovechar el día también es no hacer nada.

Te dicen: trabaja, pártete el lomo, no hay que ser flojo, si no te esfuerzas nunca serás nadie.

"Ya descansarás cuando te mueras", afirma cierta consigna popular.

Sucede, entonces, eso que el argentino Osvaldo Soriano escribió en una de sus novelas: "¿Sabe qué? No se ofenda, pero usted está cansado de llevarse puesto".

Que no te ocurra eso. Trabaja, lucha por vivir la mejor vida posible, pero date tu tiempo para uno de los grandes placeres: el ocio hacia uno mismo.

*

La vida es acción y contemplación.

La aventura y el no salir de casa. Trabajar duro y el derecho a la pereza.

No hacer nada para poder leer un libro, para escuchar la música que te gusta, para recorrer sin prisas los caminos de la vida, para alzar la vista y contemplar las estrellas, para cultivar tu alma y tu cuerpo, para reflexionar sobre el rumbo que llevas, o, simple y sencillamente, para no hacer nada, para rascarse la panza sin ningún tipo de remordimiento.

Perder el tiempo es atributo de la juventud, porque los jóvenes tienen toda la vida por delante.

Siéntete joven.

Es cierto que el tiempo no regresa, pero tampoco la vida.

A ratos es necesario detenerse, descansar, no hacer nada.

Siéntate a ver la vida que pasa.

Es "la dicha inicua de perder el tiempo", como bien lo calificó Renato Leduc.

*

Alguien una vez me dijo:

—Nadie sabe si uno va a ser famoso o no, si vas a ser exitoso o no. Por eso, goza la vida: haz el amor, viaja, come bien y bebe bien. Si triunfaste, ya hiciste el amor, viajaste, comiste y bebiste. Si no triunfas, igualmente ya hiciste el amor, viajaste, comiste, bebiste…

*

En cuanto a beber, recuerda lo que pedía Chesterton: "Beban porque son felices, pero nunca porque son desgraciados".

Bebe cuando es tu alegría la que te da sed, no tus problemas.

*

Aprovecha tu tiempo, tu día, tu vida.

Sólo cuídate de no herir, de no dañar.

Sé gentil con los demás, pues cada uno está librando su propia batalla.

Así como no puedes permitir que nadie te hiera o te haga daño, no hieras o dañes.

No explotes a los demás, no te aproveches vilmente de los demás. No seas otro lobo del hombre. No maltrates.

Esto va para seres humanos y para animales.

Recuerda uno de los cuatro votos budistas: "Por innumerables que sean las criaturas errantes en el universo, luchar por salvarlas".

*

Sé gentil. Respétame.

Yo tampoco sé a ratos cómo o por dónde.

Yo también estoy aprendiendo a vivir.

*

Déjate de dramas.

La vida es buena, pero también mala, dura, injusta.

¿Te han hecho daño? Deja de llorar.

¿Te han derribado? Levántate.

¿Abusaron de ti en tu niñez o juventud? Ya estás grande, actúa como grande.

¿Te golpearon? No pongas la otra mejilla.

No caigas en lo que Camille Paglia llamó un "feminismo de enfermería".

En el mundo hay violaciones, abusos de menores, injusticias cotidianas. No está bien. Hay que luchar por erradicar los males del mundo. Pero deja de ser la víctima. Ya lo fuiste una vez, y fue horrible, y lo que hicieron contra ti es por completo reprobable, pero no perpetúes ese rol. No te lo permitas.

¿Te hirieron? Cura tus heridas.

¿Se te murió el ser más querido del mundo? Honra su memoria como ese ser querido hubiera querido verte: viviendo la mejor vida posible.

Sal del hospital emocional.

No permitas que el fantasma de tu victimario te persiga. Fue una pesadilla, pero ya pasó. No lleves el cementerio al terreno de tu cotidiano. No transportes en camilla tus sentimientos ni lleves vendadas tus emociones. No busques compasión, busca sanar. No inmortalices tu sufrimiento si sólo es por las ganancias secundarias. Si sufres, sé digno de tus sufrimientos, no de quien te hirió. Deja de hablar de lo mismo, cambia. Cicatriza ese mal momento. No más lágrimas.

Dijo el sabio Rabindranath Tagore: "La vida es la constante sorpresa de saber que existo". Que esa sorpresa sea un asombro de belleza y alegrías, no la constante tortura del dolor y el sufrimiento.

Recuerda: el dolor es inevitable, el sufrimiento opcional.

Opta por no sufrir. Déjate de dramas.

*

"Sé agua", filosofaba Bruce Lee.

Lo hizo en una de sus últimas entrevistas, con la experiencia alcanzada en apenas una treintena de años.

"Vacía tu mente", exigía. Lo hacía con su muy particular forma de gesticular, como si estuviera a punto de lanzar uno de sus potentes y mortíferos golpes. "Que quedes sin forma, moldeable, como el agua. Pon agua dentro de una taza y se convertirá en taza. Pon agua dentro de una botella y será la botella. Pon agua dentro de una tetera y será la tetera. El agua puede fluir o golpear".

Aconsejaba: "Sé agua, mi amigo".

La frase se hizo famosa. Tanto, que en un anuncio del BMW X3 hecho muchos años después de su muerte, Bruce Lee aparecía repitiendo este principio taoísta tomado del *Wu wei* —que predica que la manera más adecuada de enfrentarse a una situación es no hacer nada sino dejarse llevar, convertirse en agua—, pero adaptado al mundo de la mercadotecnia automovilística: "No te adaptes a la carretera, sé la carretera".

Igual tú.

Sé tú mismo.

Déjate llevar por ese flujo de momentos que se llama vida.

Conviértete en agua. Moldéate a las circunstancias. Recuerda que no hay glorias ni fracasos, sólo una sucesión de azares, entre ellos el de haber nacido, entre ellos el de tu propia circunstancia, tu propio rostro, tu propia angustia o valentía ante el mundo.

*

Sé una piedra, mi amigo.

Las piedras duran más.

En los cementerios judíos no se llevan flores a los muertos. Se llevan piedras, piedras de la calle, piedras de río, que se colocan sobre las lápidas.

Las flores se marchitan. Las piedras, no.

Las piedras son recuerdos, caricias, formas de decir "te amo", que permanecen.

*

Los demás no cambian. No cambies tú. Amóldate, pero no cambies.

> *La felicidad no consiste en tener lo que quieres, sino en querer lo que tienes.*
>
> Confucio

Lo que tengas que hacer, hazlo.

Hazlo ahora. Hazlo hoy. Lo más rápido que puedas.

Afirma un antiguo proverbio chino: "No esperes a tener sed para ponerte a cavar el pozo".

*

¿Qué prefieres?

¿Tener la razón o ser feliz?

¿Dar un paso o recorrer el camino?

¿El sí o el no?

¿Aceptar el desafío del guerrero o la resignación del mediocre?

¿Decir te amo en voz baja o en voz alta?

¿Escuchar la voz de la muchedumbre o la de tu ser en solitario?

¿El reposo tras la batalla o la flojera de los que nada de nada?

¿Existir como una piedra o ser como un héroe de lo cotidiano?

¿Regodearte en el piropo callejero o en los sencillos te amo de tu hogar?

¿La riqueza vana y mal habida o la humildad digna?

> *El hombre teme la muerte*
> *porque ama la vida.*

Fiodor Dostoievski

Nunca lo voy a hacer.

Nunca voy a tirarme en paracaídas.

La idea de aventarme desde un avión al vacío me llenaba de un terror inexplicable. Podría escalar el Everest, descender en batiscafo a las profundidades de la fosa de las Marianas, intentar enlistarme como astronauta, recorrer los siete mares como pirata, pero lo del paracaídas, jamás, ni loco que estuviera.

Y un día sucedió. Lo hice.

No sé si lo vuelva a hacer, pero ya lo hice.

Y así he buceado en barcos hundidos y arrecifes de coral. Y he esquiado en nieve.

La vida está hecha para probar. Para probarse uno mismo.

*

Así tú, intenta, trata.

La vida ofrece innumerables posibilidades.

Hay quien nace para maceta y nunca sale del corredor.

¿Quieres ser tú esa maceta?

Atrévete a hacer, a sentir.

Viaja lo más lejos, sube montañas, contempla el atardecer desde lo alto de un globo aerostático, aprende a bucear, come algo exótico, ama con ganas, interésate por conocer, sé curioso, lee mucho. Aprovecha el día. Tu día.

> *Llega hasta donde puedas; o mejor,*
> *llega hasta donde no puedas.*

Nikos Kazantzakis

Jorge Luis Borges alguna vez reconoció: "Muchas cosas he leído y pocas he vivido".

A sus ochenta y cuatro años, sin embargo, enamorado como estaba de María Kodama, viajó por el mundo. Napa Valley, Egipto, Venecia, Estambul, Nara y el santuario de Buda, Creta y su laberinto, fueron algunas de sus andanzas.

En uno de estos viajes, se subió a un globo aerostático. Remontó las alturas en la fragilidad de una canastilla. Bajó maravillado.

De ese recuerdo dijo: "He pronunciado la palabra felicidad; creo que es la más adecuada".

Tenía ochenta y cuatro años.

*

¿En qué consiste la vida? En vivir hasta que ya no se pueda.

*

Aprovecha tu vida.

Nikos Kazantzakis, quien fue un hombre que viajó, pensó, amó mucho y escribió mucho, se dejaba llevar por un hondo deseo. Así lo describió:

> Un solo deseo me embarga: el de descubrir lo que
> se oculta tras lo visible, de horadar el misterio
> que me da la vida y me la quita, y de saber si una

presencia invisible e inmutable se oculta más allá del flujo incesante del mundo.

*

Aprovecha lo que eres, carne y espíritu, para vivir la mejor vida posible.

No hay recetas, más que vivir. No hay fórmulas mágicas, más que luchar.

Aprovechar el día es no sólo existir. Significa esforzarte por tener una buena vida. Una vida digna.

Después de todo, como dice Álvaro Mutis a través de su personaje Maqroll el gaviero: "la astucia consiste en seguir viviendo".

*

No cometas, como dice Claudio Magris, el pecado original: "ser incapaces de amar y de ser felices, de vivir a fondo el tiempo, el instante".

*

Jonathan Swift aconsejaba: "¡Ojalá vivas todos los días de tu vida!".

Es un buen consejo. Aprovéchalo. Aprovecha tu momento, tus años sobre la tierra.

Lo dice, con otras palabras, Marguerite Duras: "El mejor modo de llenar el tiempo es gastándolo".

Y Clarice Lispector: "Viva. Viva. Es difícil. Es duro. Pero viva".

Jugárselo todo en una sola existencia

"¿Acaso no es una crueldad demasiado grande jugárselo todo en una sola existencia?", como se pregunta Susanna Tamaro.

Si pudiéramos enmendarla, corregirla, la vida sería perfecta. No lo es. No hay escuelas para la vida, sólo la vida misma. El desconcierto de sabernos vivos. "El inconveniente de haber nacido", como dice Cioran. El milagro de una existencia no pedida y sin embargo valiosa y amada hasta el punto de asustarnos y rehuir la tumba fría, el más allá, si lo hay.

A la eternidad con que los niños contemplan su propio paso por el mundo, se opone la brevedad que es como una queja triste en la sabiduría de los ancianos. La vida, bien mirada, es absurda y corta, sin sentido.

Henry Miller lo describió muy bien: "Estoy en contra de la vida por principio. ¿Qué principio? El principio de la inutilidad de las cosas".

Tanta vida, para qué. ¿Para qué si nuestro destino es precipitarnos en el abismo de la muerte, en la angustia de algún día dejar de ser?

*

No poseo argumentos irrevocables ante este hecho contundente y falto de amorosa ternura, así como de la más prístina lógica: el de tener tanta vida y luego tanta y tan inescapable muerte.

Sólo sobrevive una infinita angustia, una enorme protesta que se estrella contra el muro de lo absurdo, el coqueteo religioso que nunca me convence, la posibilidad siempre presente del suicidio como forma extrema de subversión, y la convicción de que para no caer en la abulia o la tristeza del ser, hay que aferrarse a algo, lo que sea, como si se tratara de un madero metafísico en el cotidiano naufragio de nuestra existencia.

Hay quien se mete a una iglesia y le es suficiente. Hay quien encuentra un poco de consuelo e inmortalidad en cada hombre o mujer que seduce. Hay quien toma cursos para reencarnar o se inventa un mundo lleno de ángeles benéficos y de la celestial luz que se ve al final del túnel. Hay quien se redime en los hijos.

Yo soy más simple. Sencillo, común y corriente, si se quiere.

Me aferro a algo muy particular y poco valorado. Nuestra singularidad. Somos, por nuestro carácter efímero, únicos e irrepetibles. Nunca, en todo el universo, nadie más como yo, como tú, como nosotros. Eso nos hace, más que frágiles y breves, extraordinarios. Especiales. Distintos. No sé si es la respuesta al misterio, pero a mí me sirve. Me digo, sin sonrojarme: ya que estamos aquí, a vivir, y me alzo de hombros ante aquello que no me gusta del mundo y de la vida.

*

Sucumbamos ante "el horrible vicio de vivir" como diría José Revueltas.

Hagámoslo con la alegría del que sabe que la vida es corta pero a quién le importa. Que la vida duele pero también sonríe. Lloremos, sí, porque el llanto es inevitable cuando se vive, pero también cantemos y bailemos, procuremos la felicidad de respirar, de amar, de contemplar un amanecer o de caminar descalzos por la playa, de reconocernos vivos en cada latido, en cada respiración, en cada caricia, en cada parpadeo. La consigna es aprovechar el día. Hacer como si se tratara del último de nuestra vida. El carnaval, más de lo plañidero del rencor, la abulia o lo fúnebre. Ser curiosos. Sentir, oler, disfrutar, conocer, gozar, no quedarse con las ganas de algo, antes de convertirnos de nuevo en el polvo que somos. Comamos un poco más de helado y menos habas. Ya sabemos que lo dijo Don Herold:

> Si pudiera vivir nuevamente mi vida, en la próxima, no intentaría ser tan perfecto; me relajaría más [...] Correría más riesgos, haría más viajes, contemplaría más atardeceres, subiría más montañas, nadaría más ríos.

Lo afirma un anuncio televisivo: la vida es corta, comamos primero el postre. Lo dulce del mundo.

Se vive solamente una vez. Lo demás son patrañas metafísicas con olor a incienso o a cuento de hadas. Solamente una vez. Que sea éste el motor de nuestros actos, no para deslindarnos de nuestros errores y defectos sino para pulir hasta donde se pueda nuestra maravillosa y singular existencia.

*

No nos dejemos abatir por lo cotidiano, por supuesto áspero, vulgar y altanero. Dejemos huella por lo que hicimos, no por lo que quisimos hacer. Hay gente que vive, aunque no ha nacido nunca.

Tal vez nos hubiera gustado ser de otra manera —nacer en mejor cuna, tener éxito en todo, poseer el don de la palabra, ser monedita de oro, contar con un espejo fiel a nuestra verdadera belleza—, pero somos los que nos tocó ser y no hay más. Creémonos una existencia, una razón de vida, una felicidad furiosa. Aferrémonos a estar en un mundo terrible y bello, y nuestro, pésele a quien le pese. Si cuando nacimos el mundo sonrió y nosotros lloramos, que a la hora de nuestra partida sea al revés: que los demás lloren y nosotros nos despidamos con una sonrisa.

Somos féretros con sueños, polvo enamorado, una ridícula nada, sí, pero también un momento único en el universo, una pasión útil e inútil, un absurdo, una intensa casualidad convertida en milagro.

*

Me gusta la divisa de Henry Miller: "Siempre contento y siempre luminoso".

Era un hombre que disfrutaba, con entrega, con asombro, la vida. Al cumplir ochenta años, escribió: "En cuanto al mañana, no existe. Ya viví todos mis ayeres y todas mis mañanas; por el momento sólo me mantengo a flote".

Vivió hasta los ochenta y ocho años.

Una vida vivida con ansia de vivir.

Sabía que aquel que se toma demasiado en serio, no tiene salvación. Le encantaba la frase de Rabelais: "Para todos tus males, te doy la risa".

> *Estamos aquí para reírnos del destino*
> *y vivir tan bien nuestra vida que*
> *la muerte tiemble al recibirnos.*

Charles Bukowski

Jorge Luis Borges admite que ha cometido el mayor de los pecados que un ser humano puede cometer.

¿Cuál es el mayor de los pecados?

No ser feliz.

*

"No he sido feliz", confiesa Borges.

Y el nombre del poema donde eleva esta confesión impensable, curiosamente, se titula "El remordimiento"...

*

¿Ser feliz siempre, a todo momento?

¡Ni los payasos! No malgastes tus días, sin embargo, en infinitas tristezas.

Aparta de cuando en cuando las sombras y sonríe.

La vida es corta, apenas un guiño de ojo en la breve eternidad que nos ha sido dada. Un día ya no estaremos aquí.

> *Antes que la sombra caiga,*
> *aprende cómo es la dicha.*
>
> Luis Cernuda

Cuando se está vivo, las tristezas y las penas llegan solas.

Las desazones y las congojas. Tal vez sea eso lo que nos marque. No las alegrías, que por ser alegrías son efímeras y las dejamos pasar sin conservarlas, sino las tristezas, que dejan huellas en nuestra piel y en nuestra memoria.

Lo dice Simone de Beauvoir: "Las personas felices no tienen historia".

Lo que cuenta son los obstáculos y cómo los sobrepasamos, las penas y cómo las dejamos atrás, el dolor y lo mucho que aprendimos, la lucha diaria por el pan y cómo hoy sí comimos.

Vivir no es sólo reír sino sufrir.

Marguerite Duras aconseja: "Aunque sea inútil, creo que, con todo, es necesario llorar. Porque la desesperación es tangible. El recuerdo de la desesperación permanece. A veces mata".

E insiste: "No llorar nunca no es vivir".

*

Cuando se está vivo se cometen errores. "No existe la verdad original, sólo el error original", como dice Bachelard. Vivir es equivocarse, porque la vida es una y a ratos no sabemos vivirla o afrontar el día a día con que se nos presenta.

Por supuesto, no cometas el error de tropezarte con la misma piedra. De no aprender de los frentazos. Equivocarse puede ser inocuo pero también causar mucho mal. Sé cauto, inteligente. Aun así, atrévete. Toma el camino no tomado. Arriésgate a las oportunidades.

*

Recuerda esto que escribió Roberto Arlt:

> Me dirá usted: "¿Y si me equivoco?". No tiene
> importancia. Uno se equivoca cuando tiene que
> equivocarse. Ni un minuto antes ni un minuto des-
> pués. ¿Por qué? Porque así lo ha dispuesto la vida,

que es esa fuerza misteriosa. Si usted se ha equivocado sinceramente, lo perdonarán. O no lo perdonarán. Interesa poco. Usted sigue su camino.

*

La vida, ese misterio, ese milagro, ese absurdo, no es a final de cuentas una serie de calamidades o una sucesión de momentos felices.

La vida es lo que es, a ratos dulce y a ratos dura. Hay que aceptarla así, con sus altibajos. No hay más que eso, la vida tal cual.

Anatole France lo puso de esta manera: "Lo cierto es que la vida resulta deliciosa, horrible, encantadora, espantosa, dulce, amarga, y para nosotros lo es todo".

*

También está la muerte.

Pero ésa, ésa llegará algún día. Mientras tanto, a vivir, a sufrir y a ser felices. Recuerden los versos de Sabines:

Ustedes no conocen la muerte todavía: cuando la conozcan ya no hablarán de ella, se dirán que no hay tiempo sino para vivir.

—Así es —suspiró el coronel—. La vida es la cosa mejor que se ha inventado.

Gabriel García Márquez

La ambición de ser

Llámalo un mero y primitivo afán de sobrevivencia.

Nos aferramos a la vida porque sí. Incluso el moribundo lucha por no morir.

Es un valle de lágrimas, decimos. Aun así, con todos sus dolores y tristezas, nos gusta vivir. Tal vez porque es lo único que conocemos; además, porque nos asusta la muerte. Mejor hubiera sido no haber nacido, como filosofaba Cioran, pero hemos sido arrojados al mundo y no hay de otra, aquí estamos: tercos en nuestro cotidiano afán de vida.

*

El gran problema del ser humano, dice Buda, es creerse inmortal.

La rutina del vivir da forma a nuestra vida. La monotonía del ser enfrentado a lo cotidiano nos hace intuir que la vida sigue, que no acabará nunca.

Pero acaba.

Sabemos que quien nace muere. Si hay algo seguro, es que algún día moriremos.

Hay quien se alza de hombros y dice: es algo natural, nadie nos engañó.

Hay quien la idea de morir le aterra.

En ambos casos, la certidumbre de la vida se enfrenta al misterio de la muerte. Uno, a ratos, se halla "debilitado por la naturaleza aterradoramente provisional de todo", como escribe Philip Roth.

Si todo es efímero, hasta yo mismo, ¿para qué vivir? ¿Para qué tanta vida si algún día terminaremos en la tumba fría? ¿Vivir para después morir es algo natural o es algo naturalmente absurdo?

Y, aunque vivimos como si fuéramos a vivir eternamente, necesitamos de un impulso, un motivo, que nos permita seguir viviendo a pesar de esa incómoda verdad.

*

Todos, en mayor o menor medida, tenemos un impulso vital.

Es lo que nos permite luchar por la vida aunque ahí, agazapada, se encuentre la muerte, y si no la muerte, los obstáculos y durezas de la vida cotidiana.

Vivir no es fácil. No sólo consiste en respirar o en latir, sino en trabajar mucho, mantenerse sano, enfrentar las adversidades que van desde incapacidades físicas, falta de dinero, depresiones, humillaciones hasta la muerte de nuestros seres queridos.

Por eso las frases de aliento: si te caes, levántate; si del cielo te caen limones, aprende a hacer limonada; el fracaso no es una opción; si en la vida no hubiera momentos malos, no podríamos apreciar los momentos buenos; los problemas de hoy son las anécdotas de mañana; búscale la sonrisa perfecta a tus lágrimas...

Lo importante, sin embargo, no son las frases, vengan de quien vengan. Lo importante es tu actitud para con la vida.

¿Qué te impulsa, qué te mueve verdaderamente para vivir?

*

Lo importante en la vida es encontrarle un sentido.

Lo dice Nietzsche: "El que tiene un porqué para vivir puede soportar casi cualquier cómo".

Algunos le llaman soplo vital.

Otros, propósito de vida.

Otros, sentido de vida.

Otros, amor por la vida.

Yo le llamo: ambición de ser.

*

El psicoterapeuta Viktor Frankl escribió un libro titulado *El hombre en busca de sentido*.

Fue confinado en un campo de concentración durante la Segunda Guerra Mundial. Las condiciones eran terribles. Escribe Frankl acerca de las circunstancias de su encierro: "Todos nosotros habíamos creído alguna vez que éramos 'alguien' o al menos lo habíamos imaginado. Pero ahora nos trataban como si no fuéramos nadie, como si no existiéramos".

Observó dos tipos de conducta entre sus compañeros de confinamiento. Unos se dejaban abatir por la dureza y crueldad a los que eran sometidos por los nazis; otros, en cambio, mantenían una actitud positiva, esperanzada.

Los primeros sucumbían, por completo derrotados, a las penurias, al hambre o a las enfermedades. Sin ninguna gana de vivir, se arrojaban a una muerte segura contra la cerca electrificada o ansiaban recibir un balazo para terminar con su sufrimiento.

Los otros luchaban por vivir. Sufrían el mismo maltrato que los demás —"la existencia desnuda", para utilizar las palabras de Frankl—, pero optaban por no dejarse vencer, a pesar de las inhumanas condiciones en que se hallaban.

Frankl notó que en ambos casos, cuando se ha perdido todo, cuando se vive un encierro atroz, cuando la vida carece de sentido, cuando la muerte ronda implacable por todas las esquinas, cuando Dios no parece venir en nuestra ayuda, lo único que queda es elegir qué actitud tomar ante esas circunstancias. Se trata de la última de las libertades humanas: la capacidad de decidir qué hacer con nuestra propia existencia.

En el campo de concentración, esa libertad decidió darse por derrotada en algunos casos y optó por luchar en otros. ¿Por qué? Frankl, quien había estudiado psicología y psicoanálisis, concluyó que la sobrevivencia dependía de tener o no un sentido de vida. Quienes no lo tenían, eran más propensos de sucumbir. En contraste, quienes sí lo tenían, trataban de mantenerse con vida pese a todo lo adverso que los rodeaba.

*

La vida es dura pero puede serlo aún más si no le das sentido. Para decirlo con palabras de Frankl, ante la finitud hay que buscar una finalidad.

Una "voluntad de sentido" que nos ayude a enfrentar la existencia.

> *Yo ahora era libre, podía hacer lo que se me antojara… Matarme si quería… Pero eso era algo ridículo… Yo tenía necesidad de hacer algo hermosamente serio, bellamente serio: adorar a la vida.*

Roberto Arlt

Tal vez no te has dado cuenta, pero de una manera por completo innata, tú posees un sentido de vida.

Ese sentido de vida es lo que hace que no te arrojes a las vías del tren o lo que te ha permitido llegar a la edad que ahora tienes.

Vivir no es sólo vivir sino vivir como todo un reto.

Hay obstáculos y peligros. Sin embargo, aquí estás. Sufres o estás alegre, o como dice Mario Benedetti: "uno a veces está jodido y otras radiante", pero hay algo que te hace luchar, levantarte todas las mañanas a la experiencia del mundo, a la brega cotidiana.

*

¿Cuál es tu sentido de vida?

Hay quien lo encuentra en los hijos, en cuidarlos y guiarlos.

Hay quien es movido por el amor.

Hay quien deposita ese sentido en Dios. Es Él quien hace su voluntad y hágase en mí lo que Él desea.

Hay quien es motivado por el dinero, por el poder.

Hay quien encuentra sentido en el placer sexual.

O en ayudar a los demás. A una causa noble. Decía Montaigne: "Quien no vive de algún modo para los demás, tampoco vive para sí mismo".

O en escudriñar el misterio de la existencia, en quién soy, por qué y adónde voy.

En trascender la vida, en ser recordado por nuestras obras y convertirnos algún día en estatuas o en nombres de escuelas o de calles.

¿Cuál es tu sentido de vida?

*Hay que darle un sentido a la vida, por
el hecho mismo de que carece de sentido.*

Henry Miller

Tienes dos opciones: saber que todo es absurdo, un sinsentido, y no hacer nada; saber que todo es absurdo, un sinsentido, y hacer algo.

O, ante las dificultades y asperezas de la vida, también hay dos opciones: cruzarte de brazos y quejarte y decir que todo apesta, que es mejor morir; o darte ánimos y decirte que no todo es malo, que es mejor vivir.

Escribió Viktor Frankl: "Si no está en tus manos cambiar una situación que te produce dolor, siempre podrás escoger la actitud con la que afrontes ese sufrimiento".

Tenemos la libertad de decidir. Pero por cada opción hay una responsabilidad.

Si te cruzas de brazos y te llenas de pensamientos negativos, debes responsabilizarte por la inacción, la depresión, los callejones sin salida, la muerte.

Si optas por vivir a pesar de todo, debes apostar por las alegrías y placeres de estar vivo, pero también responsabilizarte por los posibles sinsabores, las posibles tristezas, los posibles frentazos, los posibles sufrimientos, las posibles muertes en rededor tuyo, y la seguridad de tu propia muerte.

Si el hombre vive es porque cree en algo.

León Tolstoi

Tener un sentido de vida es más fácil en la vida cotidiana.

Pero, pregúntate si ese mismo sentido lo tendrías en una situación extrema.

No te lo deseo, pero imagina que tu sentido de vida gira alrededor de tus hijos y, por algún desgraciado accidente, mueren.

Imagina que en una situación desesperada, acudes a Dios para salvarte y no te salva.

Shit happens, dicen los gringos.

¿Entonces, te tirarías desde un edificio, te darías un tiro en la cabeza, abrirías las llaves del gas? ¿O seguirías viviendo?

¿Qué es lo que te haría vivir cuando todo parece perdido?

He ahí un verdadero sentido de la vida.

*

Yo soy curioso.

La vida me lleva a ratos a la depresión, al desánimo, a no querer luchar.

En eso también consiste vivir, supongo. Conocer las tristezas del sinsentido.

Pero aquí sigo, en pie de guerra.

La vida me lleva a ratos por caminos que no había planeado. En ese cambio de vías me ha dado de topes y conocí la amargura, aunque también nuevas posibilidades, otros rumbos, mejores personas, distintas perspectivas, retos que no había imaginado, geografías que antes estaban muy lejos, facetas del mundo que no conocía.

Nuestra vida es única e irrepetible. Pero la experiencia me dice que a lo largo de nuestro trayecto vital tenemos muchas vidas. La vida de niños, la vida de jóvenes, la vida de casados, la vida laboral, la vida de divorciados, la vida de muertes que ocurren a nuestro alrededor, la vida de padres, la vida de ancianos. Y así, muchas vidas, muchas vidas más.

Lo dice Octavio Paz:

> Yo creo que una vida humana está hecha de muchos nacimientos, muertes y renacimientos. No es cierto que uno nazca una sola vez. No sé si se nace una sola vez, pero sí sé que se muere y se renace muchas veces, hasta que nos toque la definitiva.

Así, uno es el mismo pero va cambiando, adaptándose, modificando los caminos y los sueños, a ratos porque la vida nos va llevando de manera lenta pero segura, a ratos porque nos ocurren cambios drásticos que jamás habíamos imaginado.

*

"Soy un curioso de esta fuerza enorme que está en mí", vuelvo a Roberto Arlt.

Yo soy curioso, y como en verdad prefiero estar vivo que muerto, me interesa mantenerme con vida para saber qué ocurrirá conmigo, qué nuevas sorpresas, qué nuevos asombros me esperan. La vida da muchas vueltas y quiero conocer lo que me depara el porvenir, bueno o malo, pero saberlo.

Tengo una ambición de ser, y como también soy curioso, quiero saber qué tanto seré, qué tantos caminos habré de transitar, antes de que me ocurra esa indebida violencia que es la muerte.

> *El ser humano es ser humano sólo por su negación a permanecer pasivo, por el impulso que lo proyecta desde el presente hacia el futuro y lo dirige hacia cosas con el propósito de dominarlas y darles forma. Para el ser humano, existir significa remodelar la existencia. Vivir es la voluntad de vivir.*

Simone de Beauvoir

*

Ambición de ser también le llamo a ese impulso vital que nos obliga a respirar, a sobrevivir, a defendernos hasta con los dientes con tal de mantener nuestra única verdadera posesión, este ser —cuerpo y alma— que nos ha tocado.

*

Dice Óscar Wilde con enorme sabiduría: "Para la mayoría de nosotros, la verdadera vida es la vida que no llevamos".

Déjate de tonterías. Acéptate. Recuerda que los demás ya están ocupados.

Deja que la ambición de ser te haga ser.

Tal vez no alcanzarás todos tus sueños, pero eso eres. Y estás vivo. Y necesitas afianzarte en tu ser.

Lo dijo Ray Bradbury: "No soy nadie; soy sólo yo mismo. Dondequiera que esté soy algo, y ahora soy algo que no puedes impedir".

> *Cada hombre lleva en sí una distinta*
> *cantidad de voluntad de vivir. Cuantas*
> *más fuerzas, más pasiones, más deseos,*
> *más furores de plasmarse en todas*
> *las direcciones de inteligencia que se*
> *ofrecen a la sensibilidad humana.*

Roberto Arlt

Tal vez sientes que no encajas, que no perteneces. Te sientes un extranjero en el mundo y ante los demás.

Esa sensación te incomoda y te lastima. No estás solo. Muchos la sufrimos. Aun así, como escribe Herman Hesse en ese bello libro que es *El lobo estepario*: "Y aunque yo fuera una bestia descarriada, incapaz de comprender al mundo que la rodea, no dejaba de haber un sentido en mi vida insensata".

Deja que tu ambición de ser te sitúe.

Pertenecerás entonces, encajarás. No en los moldes establecidos sino en el devenir del universo. Los demás te seguirán viendo como un extranjero, pero sólo porque tú has hallado una razón a tu vida y los otros no.

*

No te entretengas en encontrarle un significado a la existencia y al universo.

No lo tiene.

Lo que hay es un deseo de ser, una ambición que nos aleja de la nada, un sentido que sólo es útil en nuestra pequeña y mortal vida.

*

Sé digno de tus dudas y de tus tristezas.

Eso te convierte en ser humano. No estamos aquí para sufrir, pero la realidad se empeña en dolernos, en angustiarnos, en preocuparnos.

Lo dice Roberto Arlt:

Cada uno tiene que conocer en la vida muchas tristezas. Lo notable es que cada tristeza es distinta de la otra, porque cada una de ellas se refiere a una alegría que no podemos tener.

Sé digno, digo, porque es necesario llevar la frente en alto. Sé digno, porque la lucha es desigual, pero luchas.

Quería tan sólo intentar vivir aquello que tendía a brotar espontáneamente de mí, ¿por qué me iba a ser tan difícil?

Herman Hesse

Cuando te digan que eres un milagro, que eres único, que estás hecho del mismo material de las estrellas, no basta con creer que es cierto: asúmelo.

Lo dicen, de una u otra manera, todos los libros de superación personal y de autoayuda. Pero también de eso se trata la literatura universal: historias únicas, originales, extraordinarias de personas como tú y como yo.

Y la ciencia nos devuelve esa lección una y otra vez.

Pero ante esa verdad, debes preguntarte algo.

¿Qué hago con eso?

¿Qué hago después de saber que soy un milagro del universo?

¿Qué hago después de lo que alguna vez dijo Carl Sagan? El cosmos está también dentro de nosotros. Estamos hechos de materia de estrellas. Somos para el cosmos una manera de conocerse a sí mismo.

*

Dice Buda que el problema consiste en pensar que nos sobra tiempo; pero un día ese tiempo se acaba y nos alcanza la muerte.

Si llegas a viejo, llegará el momento en que te sorprenderás de las arrugas, del frío intenso en los huesos, del sentirte joven en un cuerpo de anciano, de no ver bien y de tropezarte con todo. Ya no podrás hacer lo que antes hacías. Te reprocharás no haber vivido más, si todo —a pesar de tantos años sobre tu espalda— se reduce a un guiño, a un corto y único instante sobre la tierra.

Si eres joven y el cáncer te somete o te cae un piano encima o te mata un asaltante para quitarte dos pesos o un viejo teléfono celular, la sensación será la misma. Lo que hice y lo que no. El tiempo que malgasté. El tiempo perdido que no regresa.

*

Recuerda que no atreverse es perder lo que pudo haber sido.

Finalmente lo tuyo es vivir. De la muerte que se ocupen los muertos. Vive tu vida. Hazlo de manera intensa, más que sensata. Gozosa, más que higiénica. Sal a la intemperie. No temas caerte. Sé más atento y a la vez más distraído. Prueba uno que otro vicio y abandónalo. Renuncia al mal pero déjate tentar por uno que otro de esos que llaman pecados. No dañes. No confíes en quien te dice que la vida está en otra parte. Explora. Atrévete a fallar porque hiciste, no porque dejaste de hacer.

*

Que tus ojos se llenen de mundo. Que tu boca diga lo que hay que decir.

Disfruta del helado y de las habas, de la acción y la contemplación, del jardín y del páramo, de lo sublime y lo vulgar, de lo infinito de la noche y de la algarabía terca del amor.

Repite ese otro exacto verso de Jorge Luis Borges: "Convencidos de caducidad/ por tantas nobles certidumbres del polvo", y piensa en tu lápida o en tu ceniza, pero sólo para apurar tu gusto por los placeres del mundo, para recordarte que un día ya no habrá luz, tiempo, problemas, amaneceres, sueños, dolores, sed, navidades, y entonces, desperezarte, y entonces, avivarte.

Sé curioso.

Rodéate de la bondad y la belleza, aunque nunca sean suficientes. Invéntate una filosofía que atraviese el misterio y absurdo de la vida. Y cuídate, que no hay reemplazo: con todo lo bueno o lo malo, con toda su desdicha o felicidad, esa existencia es la única que tienes.

*

La vida pasa y así es, no hay remedio.

Pero, recuerda, las horas mueren: la que mata es la última.

Algún día conoceremos el gran misterio, el gran miedo, la eterna nada.

Mientras llega ese momento, dediquémonos a vivir.

Una vez leí algo que comparto contigo. Una gran verdad. No lo leí en un libro de filosofía ni en un libro de autoayuda ni en un libro que recoge las palabras de los grandes iniciados. Fue en una tira cómica.

La gran verdad es ésta, y tenla en mente, pues no hay mucho más que agregar: "Algún día nos vamos a morir. Cierto, pero los otros días no".

VIVIR PESE A TODO

Vivir es la voluntad de vivir.

SIMONE DE BEAUVOIR

Es necesario tenerlo claro.

Insistir y volver a insistir y, de ser necesario, volver sobre nuestros propios pasos para tener de nuevo en claro cuáles son tus propias claves del cómo y el porqué de la vida.

Por qué y cómo vivir pese a todo.

Por qué y cómo la ambición de ser.

*

Leído en alguna parte: "¿Habrá vida antes de la muerte?".

Claro que sí, si te arriesgas a vivir, que significa probar, intentar, luchar, y a ratos, sufrir y gozar.

No te conviertas en uno más de esos que "sobrellevan la monotonía de su vida con resignación de cadáver", como diría Roberto Arlt.

Desperézate.

Te lo pongo en palabras sencillas: si no vas por todo, no vayas.

*

La vida no admite borradores. Es lo que es.

Tu vida no es de prueba. Es la que tienes y ya.

Vívela. Vívela como mejor puedas, pero vívela.

*

No te entretengas en el ser o no ser.
Ya eres.
El dilema es otro: qué ser.

*

Aprovecha tu vida. *Carpe diem* y *carpe noctem.*
Es la única que tienes.
Vive y haz algo de tu vida. Enfréntate al mundo, conoce de
qué se trata, atrévete a sentir sus placeres y desdichas.
Recuerda: "Muere con recuerdos, no con sueños".

*

Escucha tu voz interior que dice: "Quiero, quiero, quiero".
Respóndete qué quieres, clarifica los llamados de tu cuerpo,
de tu alma, y hazlo.

*

Vive la vida pese a todo.
Pese a la carestía, al país que nos ha tocado, pese a nosotros mismos, a la falta de dinero, pese a la contaminación, a la
ausencia de respuestas.
Vivir la vida pese a todo, he ahí nuestra fuerza.

*

Sé gentil. A todos nos duele existir.

*

Vivir intensamente no es vivir rápido. Es detenerse a contemplar, a gozar y a valorar tu tiempo de vida.

*

No te quedes en tu zona de confort. Atrévete a cambiar.

Dice Fernando Pessoa que hay que "abandonar las ropas que de tan usadas tienen ya la forma de nuestro cuerpo y olvidar los caminos que nos llevan siempre a los mismos lugares".

Hay que atreverse a mudar, a buscar nuevos puertos.

"Es el momento de la travesía —agrega— y, si no osamos emprenderla, nos quedaremos siempre al margen de nosotros mismos".

*

Sé, más que religioso o religiosa, espiritual.

Las religiones pueden generar ignorancia y fanatismo; la espiritualidad, la búsqueda de la iluminación y la sabiduría.

Es bueno recordar estas palabras, de Herman Hesse: "Nunca he vivido sin religión y no podría vivir sin ella un solo día, pero he podido pasar toda mi vida sin una iglesia".

*

Sé tú mismo.

Renuncia al personaje que otros te han obligado a ser.

Lo dice Octavio Paz: "Vivir, es separarnos del que fuimos para internarnos en el que vamos a ser, futuro extraño siempre".

Y Clarice Lispector: "No me hagan ser lo que no soy, no me inviten a ser igual, porque sinceramente soy diferente".

Sé lo más parecido a ti mismo que puedas.

Tal vez no te gustes mucho, pero eso eres. Y tienes dos caminos: o dejarte como estás y quejarte, o tal vez pulirte, mejorar. Para eso hay libros, ejercicio, estudios, levantarte todos los días con una mejor ambición de ser.

*

No cometas el mayor de los pecados: no ser feliz.

No sonrías nada más para la foto.

Recuerda, en todo caso, al fotógrafo que te pide sonreír y levantar la cara.

Ten sentido del humor. Ríete. La mejor curva de una mujer es su sonrisa.

Y, en el hombre, una bonita sonrisa mata carita.

Dice Octavio Paz: "reír como el mar ríe, el viento ríe,/ sin que la risa suene a vidrios rotos".

Hay que ser felices, no perfectos.

Hay que ser felices no por lo que poseemos, sino por lo que somos.

*

Vive de vida natural.

Como en ese poema de Alejandro Aura: "Tenía horas y horas para volar, para bailar, para morirse de risa".

Igual tú. Haz lo mismo con tus horas. Canta y guarda silencio, ama y desama, acierta y equivócate, sé feliz y conoce la tristeza, mantente sano y contempla en tu cuerpo los estragos de las enfermedades, ten hijos o no los tengas, bendice y maldice cuando haya lugar, padece insomnio y ten el sueño de los justos, trabaja mucho y descansa mucho, no evites pasiones pero también detenlas, ten dudas benéficas y certezas firmes, aprovecha el tiempo y malgástalo como quieras.

Haz con tu vida lo que mejor puedas.

*

Construye tus historias de amor.

Pueden ser cortas, como esta que dice: "Había una vez, pero ya no".

O largas y fecundas, invencibles al deterioro, a la abulia, a la realidad: "Vamos a darnos tiempo, una o dos eternidades, juntos", escribió Neruda.

*

Vive tu erotismo, la imaginación de la piel al servicio del cuerpo.

Recuerda ese poema de Bertolt Brecht:

> Los labios, de no rozarlos con otros labios se van cerrando. Los ojos, de no mirarse con otros ojos se van cerrando… El cuerpo, de no sentir otro cuerpo cerca se va olvidando. El alma, de no entregarse con toda el alma se va muriendo.

*

"Es la vida, más que la muerte, la que no tiene límites", escribe Gabriel García Márquez en *El amor en tiempos del cólera*.

"Por eso, llega hasta donde puedas; o mejor, llega hasta donde no puedas".

Puéblate de sueños y haz que la realidad te cumpla los que en verdad persigas.

*

Se afirma que la edad sólo es importante cuando se trata de quesos o vinos.

Otra frase que busca esconder una gran verdad.

Envejecer es duro. Envejecer mata. Envejecer es tener frío, es estar solo, es sentirse traicionado por la memoria y el cuerpo.

Los años pesan. Si no te preparaste económicamente para la vejez, peor aún. Envejecer es un escándalo, apenas el preámbulo para la desaparición, para el encuentro con la nada o con el todo.

"La vejez, ese largo suplicio", refería Jules Michelet, es lo más realista que hay. Lo que no hiciste tal vez ya no lo harás. Envejecer es el estupor de quien es joven y reconoce que la juventud ha pasado.

"¿De qué sirven los juegos y las alegrías si soy la morada de una futura vejez?", se pregunta un Buda joven.

Cristo no envejeció.

James Cagney espetaba en alguna película: "Hay que vivir rápido, morir jóvenes y ser cadáveres atractivos".

Pero hay quien sobrevive y lleva su carga de años. "La infancia es un privilegio de la vejez", dice Benedetti, y también la juventud y la madurez.

¿Qué hacer ante la vejez? Igual que todo en la vida: luchar. Reencontrar el sentido, a fin de no caer en la derrota o la melancolía.

Quizá conviene recordar aquí las palabras de Sainte-Beuve: "Envejecer es todavía el único medio que se ha encontrado para vivir mucho tiempo".

*

Déjate de dramas.

Di como Dostoievski: "Sólo temo una cosa: no ser digno de mis sufrimientos".

Ser digno es sufrir pero no dejarse llevar por la inercia del sufrimiento. Es haber sido golpeado, violado, humillado, abusado, pero no permitir que nuestros verdugos nos sigan victimizando.

*

Si el infinito se mide por estrellas y las montañas por los paisajes que provocan, nosotros, es cierto, nos medimos por lágrimas, como dice Sabines; pero también por las muchas veces que ante la adversidad, sin saber cómo, salimos adelante.

*

Enamórate cuando suceda, no porque te sientas solo.

*

A tus hijos dales raíces y alas: que respeten la hormiga y el mar.

A tus hijos dales opciones: que escuchen música tropical y a Debussy.

A tus hijos dales imaginación y memoria: que lean, que no se aburran de saber lo que no se puede saber.

A tus hijos dales lecciones de vida, no nalgadas o cachetadas: que sepan de la ternura y el amor no de oídas sino en su carne, en su corazón.

A tus hijos dales poesía y golpes de realidad: que se enfrenten lo mismo al triunfo que al desastre.

A tus hijos diles que no y diles que sí: que sepan que pueden hacer de todo, menos el ejercicio de la maldad.

*

La muerte acecha.

Un día nos vamos a morir y qué absurdo, qué sinsentido. Pero que la muerte no se te meta como un pensamiento que te atemorice o paralice.

André Malraux decía: "La muerte sólo tiene importancia en la medida en que nos hace reflexionar sobre el valor de la vida".

No le faltaba razón.

*

¿De qué huyes, si lo que te persigue dentro de ti te sigue a todas partes?

*

No culpes a los demás.

Lo dice Marisa Escribano: "Estamos destinados a vivir cada quien de una manera diferente, cada quien hará de nuestro tiempo un infierno o un paraíso. Los únicos responsables somos nosotros mismos".

Es cierto que otros nos han hecho daño. Otros nos han quitado la inocencia o la confianza.

Pero sólo tu vida es tuya. Elige el dolor y el sufrimiento o la cura y el perdón.

Responsabilízate de estar en el mundo. Lo mucho o poco que eres, eres tú.

Elige entre vivir y no vivir, entre vivir y simplemente existir.

Escucha a Jaime Sabines cuando dice: "Un desgraciado como yo no ha de ser siempre desgraciado./ He aquí la vida".

> *La función del ser humano es vivir, no existir. No voy a gastar mis días tratando de prolongarlos, voy a aprovechar mi tiempo.*

Jack London

Lee.

Lee novelas y cuentos. Poesía. Ensayos. Ahí está el universo convertido en palabra, la condición humana hecha realidad e imaginación.

Dice Gastón Bachelard: "La primera tarea del poeta es desanclar en nosotros una materia que quiere soñar".

Y Marguerite Yourcenar: "Leer es una manera de amar la vida".

Leer es vivir muchas vidas. Es convertirte por algunas horas en el héroe o la heroína. Leer es salir de la prisión para imaginar en libertad.

"Adquirir el hábito de la lectura", escribió Somerset Maugham, "es construirse un refugio contra casi todas las miserias de la vida".

Piensa en esto, que alguna vez leí: si te dicen gordo, te pones a dieta; si te dicen bruto, no te pones a leer... ¿Por qué?

No leas por obligación, pero si te quieres ver bien de cuerpo y te esfuerzas, por qué no verte bien de alma y mente, y te esfuerzas.

Al leer cuentos o novelas, encontrarás frases como ésta: "Al hombre se le puede destruir pero no derrotar". Es de Ernest Hemingway.

Al leer poesía quizá te acompañen versos como éstos, de Luis Cernuda: "Estoy cansado de estar vivo,/ aunque más cansado sería el estar muerto".

*

"Toda la verdad es mejor que la duda indefinida", dijo Arthur Conan Doyle.

Es cierto. Pero las religiones, la política y el futbol nos enseñan que "no todas las verdades son para todos los oídos", citando a Umberto Eco.

*

Sé como Zorba el griego, ese amante apasionado de la vida. Su filosofía podría condensarse en lo siguiente: la vida es dura, sí, pero hay que vivirla, sentirla, gozarla, beberla, bailarla.

*

Enamórate una vez o mil veces.

Sufre y goza con el amor. Es lo más cercano a estar en comunión con el universo.

Ve adonde el corazón te lleve.

Vive y muere en amor.

La poeta Dolores Castro escribía:

> Quiero decir ahora
> que yo amo la vida,
> que si me voy sin flor,
> que si no he dado fruto en la sequía,
> no es por falta de amor.

Enamórate de tu existencia.

Jack Kerouac

Hazlo. Enamórate de tu existencia.

Te haría bien, hazlo. No a la manera de un Narciso enamorado del espejo sino del ser humano orgulloso de quien es y de su lucha.

*

Dale sentido a tu vida.

Hace muchos años alguien dijo: "Si no defiendes algo, morirás por nada".

*

Me parece una gran verdad:

El secreto es vivir sin la respuesta.

Y sin la muerte, si ésta nos detiene para vivir.

*

Parece mentira, pero la vida y la muerte son iguales para todos. Nacemos y morimos y lo hemos hecho desde la prehistoria, millones y millones de vidas que también se han hecho preguntas como tú, que también han luchado por el pan como tú, que también se asombran ante el milagro y la inutilidad de todo.

Es el destino humano.

Octavio Paz definió muy bien esa hazaña, ese gesto efímero e inútil, en unos de sus mejores versos: "Pelear por la vida de los vivos".

Toda vida es un proceso de demolición...

F. Scott Fitzgerald

Así que, apúrate, porque como dijo Marguerite Duras, "muy pronto en la vida es demasiado tarde". O deja pasar las horas, la dicha inicua de perder el tiempo. De todas formas, responsabilízate. Lo que hagas de tu vida sólo te corresponde a ti.

La acción o la contemplación.

No el exceso o la flojera, sino más bien procurarte los medios para vivir la vida que quieras.

*

La vida es una magia que funciona.

*

No te digo que aceptes la muerte. No. Eso es ir en contra de la vida.

Escúpele a la muerte. Maldícela.

Lo que te digo es que la muerte, aunque esté ahí, no te impida vivir.

Me gusta este verso de Edna Saint-Vicent Millay, que comparto contigo: "Moriré, pero eso es lo único que pienso hacer por la muerte".

Hay mucho más que hacer por la vida. Mucho más.

> *Crea un destino que puedas amar.*

Irvin Yalom

Ahonda en ti mismo, en quien eres. E interésate en los demás.

Tal vez descubras, como Lacan, que "ser psicoanalista es, sencillamente, abrir los ojos ante la evidencia de que nada es más disparatado que la realidad humana". Y tal vez entonces comprendas que ese disparate es lo único que tenemos. Que es la vida misma, tan gozosa, tan condenable, tan intensa.

*

Rubén Darío escribió un enorme y rotundo poema. Lo tituló "Lo fatal".

En él condensa la condición humana. Lo hace de manera exacta, magistral. Dice:

> Dichoso el árbol, que es apenas sensitivo,
> y más la piedra dura porque ésa ya no siente,

pues no hay dolor más grande que el dolor de ser vivo,
ni mayor pesadumbre que la vida consciente.

No somos árboles, sin embargo, ni piedras. Sentimos y
pensamos. Nos da miedo, dicen algunos de sus versos, "ser
y no saber nada", "sufrir por la vida", y "el espanto seguro de
estar mañana muerto". Por un lado, nuestro cuerpo, que disfruta y se deja tentar por los placeres del mundo, y por el otro
"la tumba que aguarda con sus fúnebres ramos".

El poema termina con una gran verdad: "¡y no saber adónde
vamos,/ ni de dónde venimos...!".

Rubén Darío murió. Pero antes trató de resolver esas
dudas, esos dilemas, esos misterios. Su vida fue breve pero
rica. Se convirtió en uno de los grandes poetas de todos los
tiempos. Externó en palabras bellas y precisas qué era esto de
estar vivo, y mientras lo hacía, a pesar de la certidumbre de la
tumba y de la nada, viajó, amó, bebió mucho.

*

Finalmente lo tuyo es vivir. De la muerte que se ocupen los
muertos. Vive tu vida. Hazlo de manera intensa, más que
sensata. Gozosa, más que higiénica. Sal a la intemperie. No
temas caerte. Sé más atento y a la vez más distraído. Prueba
uno que otro vicio y abandónalo. No renuncies a la idea del
mal pero no tengas en la mente el pecado. No dañes. No confíes en quien te dice que la vida está en otra parte. Explora.
Atrévete a fallar porque hiciste, no porque dejaste de hacer.

*

Di, como Cavafis: "recuerda, cuerpo, cuánto te amaron".

Como Borges: "Gracias por la mañana, que nos depara la ilusión de un principio". Que tus ojos se llenen de mundo. Que tu boca diga lo que hay que decir. Disfruta del helado y de las habas, de la acción y la contemplación, del jardín y del páramo, de lo sublime y lo vulgar, de lo infinito de la noche y de la algarabía terca del amor.

Repite ese otro exacto verso del poeta ciego: "Convencidos de caducidad/ por tantas nobles certidumbres del polvo", y piensa en tu lápida o en tu ceniza, pero sólo para apurar tu gusto por los placeres del mundo, para recordarte que un día ya no habrá luz, tiempo, problemas, amaneceres, sueños, dolores, sed, navidades, y entonces, desperezarte, y entonces, avivarte. Sé curioso. Rodéate de la bondad y la belleza, aunque nunca sean suficientes. Invéntate una filosofía que atraviese el misterio y lo absurdo de la vida. Y cuídate, que no hay reemplazo: con todo lo bueno o lo malo, con toda su desdicha o felicidad, esta existencia es la única que tienes.

La ambición de ser

de MAURICIO CARRERA
se terminó de imprimir y encuadernar en agosto de 2016
en Programas Educativos, S. A. de C.V.,
calz. Chabacano 65 A Asturias CX-06850 México